这样立规矩孩子更自律

陈晓群 主编

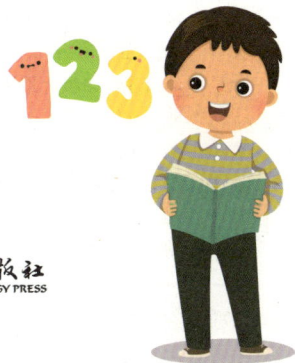

黑龙江科学技术出版社
HEILONGJIANG SCIENCE AND TECHNOLOGY PRESS

图书在版编目（CIP）数据

这样立规矩，孩子更自律 / 陈晓群主编 . -- 哈尔滨：黑龙江科学技术出版社，2024.1

ISBN 978-7-5719-2190-3

Ⅰ . ①这… Ⅱ . ①陈… Ⅲ . ①家庭教育 Ⅳ . ① G78

中国国家版本馆 CIP 数据核字 (2023) 第 229647 号

这样立规矩，孩子更自律
ZHEYANG LI GUIJU, HAIZI GENG ZILÜ

陈晓群　主编

出　　版	黑龙江科学技术出版社	
出 版 人	薛方闻	
地　　址	哈尔滨市南岗区公安街 70-2 号	
邮　　编	150007	
电　　话	（0451）53642106	
网　　址	www.lkcbs.cn	

责任编辑　孙　雯

设　　计　深圳·弘艺文化 HONGYI CULTURE

印　　刷	哈尔滨市石桥印务有限公司	
发　　行	全国新华书店	
开　　本	889 mm×1194 mm　1/32	
印　　张	6.875	
字　　数	120 千字	
版次印次	2024 年 1 月第 1 版　2024 年 1 月第 1 次	
书　　号	ISBN 978-7-5719-2190-3	
定　　价	45.00 元	

PREFACE

前言

在一些家长的眼里，孩子的很多行为都是可爱活泼的表现，"他还是个孩子呀"——这句话似乎成了孩子的"免死金牌"，是孩子可以为所欲为、调皮捣蛋的最好借口，可以为孩子开脱一切过错。谁要是容不下这句话，就是和孩子过不去。

但是年龄并不是一个免除责任的理由。孩子的天真活泼，不是可以在公众场合喧哗，影响别人的理由；孩子的自由烂漫，也不是可以在车厢跑来跑去，打扰乘客的原因；孩子年龄尚小不懂事，也不是可以随意踩踏草坪、折断花枝，甚至伤害别人的借口。

常言说："三岁看大，七岁看老。"所以家长不能因为孩子年龄小就帮他们开脱，而是要教导他们，让他们学会为自己做的事承担责任。孩子终究会长大，不守规矩、毫无规则意识的孩子，长大后往往会恣意妄为，要么是伤害别人，要么就是损害自己，严重的甚至会危害社会。这就是从小欠缺规矩教育的恶果。"规矩"意识的培养是不分年龄的，孩子没有规矩意识，就没有敬畏之心。

从某种意义上来说，规矩是对孩子的一种保护。当孩子站在桌子上，当孩子要玩刀，当孩子在玩火，当孩子在欺凌弱小，当孩子对着长辈大吼大叫，当孩子在马路上随意打闹……作为家长，必须要去阻止，并且告诉孩子不可以有这些行为。

《三字经》中提到："养不教，父之过，教不严，师之惰。"家长是孩子的第一任老师，我们主要的目标是鼓励、引导和支持孩子的成长。引导孩子的成长需要家长和子女双方的自律。随着孩子变得越来越独立，他们就需要在规矩的帮助下明白自己应该怎么做，并从这里开始成长。而家长要为孩子提供指导，制定适合他们每个发育阶段的规矩，并随着他们的成长而进行调整，这些规矩将会激励而非抑制孩子成长。

孩子犯错不可怕，就怕当他们犯的是原则性错误时，家长却还是听之任之。张居正曾说："天下之事，不难于立法，而难于立法之必行；不难于听言，而难于言之必效！"可见，不管怎样立规矩，如果不能有效执行，这些所谓的"规矩"都只不过是废话。只有按照规矩认真执行，才能有所收获。

本书围绕为什么要给孩子立规矩、如何给孩子立规矩，立规矩的事项和方法，从安全意识、生活习惯、学习、交友等方面展开，引导家长培养出守规矩、更自律的好孩子。

CONTENTS

目录

目录

PART 02 立好规矩，保护孩子人身安全

CONTENTS

PART 03 立好规矩，让孩子养成良好的生活习惯

目录

CONTENTS

目录

CONTENTS

目录

CONTENTS

目录

CONTENTS

PART 07 立好规矩，严格遵守公共场所的规则

目录

PART 08 规矩要制定，更要执行

CONTENTS

PART 01
懂规矩、守规矩的
孩子更自律

如果说父母是孩子的导师，是守护者、监护人，那么规矩就是父母成为这些角色的帮助者，从小设定合理有效的规矩，引领孩子走在正确的道路上。了解孩子的天性和需求，根据孩子的年龄阶段来给孩子立规矩，才能达到很好的引导效果。

孩子的成长不只需要爱，还需要规矩

"规矩"一词中的"规"和"矩"，各代表一种古代工具——圆规和角尺，而规矩引申义就是指某种标准和法则。"规矩"一词最早出自《管子》："法律政令者，吏民规矩绳墨也。"意思就是法、律、政令就像画圆的圆规、画方的矩形器、画直线的绳墨盒一样，是官吏和民众都必须遵守的规矩和准绳。

管仲是法家的先驱，所以他强调规矩的限制和惩罚功能，和爱基本是对立的。三百多年后，提倡仁爱为本的儒家开始把规矩的功能和仁爱联系在一起。其中最有名的就是孟子的名言："不以规矩，不成方圆。"这句话出自《孟子·离娄章句上》，孟子不仅重新定义了规矩，而且认为规矩的效果取决于仁爱。孟子曰："离娄之明，公输子之巧，不以规矩，不能成方圆；师旷之聪，不以六律，不能正五音；尧、舜之道，不以仁政，不能平治天下……故曰，徒善不足以为政，徒法不能以自行。"

孟子认为："即使有离娄那样敏锐的视力、公输子那样高超的技术，如果不用圆规和角尺，也不能准确地画出圆形和方形；即使有师旷那样灵敏的听力，如果不借助六律，也不能校正五音；即使有尧舜那样的治理之道，如果不实施仁政，也不能治理好天下……所以说，只有善德，不足以处理国家政务；只有法令，不能够使之发生效力。"

在孟子眼里，人的能力是有限的，只有借助于规和矩这样的工具才让人有限的能力得到更完美的体现。而且孟子强调，法度的有效性依赖于使用者的仁爱之心。在这里，孟子第一次从执政的角度提出了外在工具的规范和操作者内心的仁爱相统一的思想。

到了汉朝，孟子关于规矩和仁爱统一的思想被执政者采纳，并得到了发扬光大。汉朝的执政者提出了外儒内法的执政思想，它代表了一种规矩和仁爱兼容的政治心态，既避免了因一味强调仁爱而导致的柔弱，也避免了因一味强调刑法而导致的严酷。正是这个规矩和仁爱兼收并蓄的执政体系，成就了中国历史上强盛的汉朝。

"规矩"一词的早期历史演变告诉我们：规矩的提出和国家的执政有关；规矩要成为好的工具，必须和执行者的仁爱连在一起。由于中国传统文化强调家国一体，国家管理和家庭教育的原则也常常是一致的，因此规矩和仁爱的统一既是治国之道，也是齐家之法。

正是因为重视规则的力量，才成就了中华民族几千年的文明延续。"人不以规矩则废，家不以规矩则殆，国不以规矩则乱。"小到个人、家庭，大到政党、国家，都必须树立规则意识和规矩意识。为孩子立规矩，一方面能够培养孩子的规则意识，保护孩子不做出格的事情，使孩子更有边界感和安全感；另一方面也可以培养孩子的契约意识，让孩子更自律、更自由。

懂规矩的孩子自控力更强

经常会有朋友跟我抱怨说自家的孩子"不太守规矩"，让他们头疼不已。比如，有时候孩子会把摆放好的玩具扔得到处都是，还喜欢在家里搞"自由创作"，明明有绘画纸，却总喜欢在墙上、沙发上画；有时候家里来了客人，孩子就搬东西，摆弄玩具，弄出很大的声响，或者反复开关电视等，要么就干脆躲在房间里不出来见人，弄得大家都有些尴尬。

　　其实，孩子的种种"不守规矩"的行为背后，是有深层原因的。随着孩子一天天成长，他们开始拥有自己的主见和想法，但是还未学会管理自己，因此对大人的规定或举动有意见，碍于表达得不完整，或者不懂得如何说明时，便会以反抗或不听话的方式表现出来。

　　在一个基本不设置规矩，或是规矩总是持续不长时间的家庭里成长出来的孩子在生活上表现得比较随意。有一位朋友幼时因为其家长忙碌，家中基本不设规矩，而当他进入大学后，吃饭与睡觉的时间非常随意，在学习方面的自控力也表现得较差。所以，建立好的家庭规矩，也是在默默地培养着孩子的自制力。而建立一套能培养孩子自控力的家庭规矩，至少需要这两点：

　　规矩的创建者——家长需要遵守秩序。你跟孩子说保持健康需要早睡早起，自己却经常过了半夜才睡，会使得规矩根本没有说服力。规矩要覆盖整个家庭，才能让孩子有动力去遵守。当然，家长的规矩没必要跟孩子一模一样，可以根据不同的情况修改，重点是要有说服力。

　　规矩不要轻易变更。家长不能随意凭借自己的喜好去更改规则，比如早上设定7点钟起床的规矩，时不时因为各种情况而变动，或是隔两三天就修改规矩。每一次修改规矩，都要有充分的理由并与孩子商量。

　　在规则意识下，孩子们可以慢慢地学会认知自己的欲望，学会正确表达和处理自己的欲望，从而学会遵守秩序。所以在早期，"立规矩"不应该是以语言

的批评或打骂来完成，而是手把手带着孩子一起去做，去体验，去建立秩序。不做，没有体验；不做，没有秩序；不做，没有规矩；不做，会影响孩子身心健康。

我们需要在家里定一套规矩，这种方法即是"约法三章"。"约法三章"对每位家长来说都是一项必不可少的方案，同时也是最有效的教育方法之一。没有了它，家长在处理孩子的问题上仍会"两败俱伤"。给自己腾出足够时间来掌握这种方法，这样才能顺利实施。约法三章即根据孩子的表现给予相应的后果——表现好就奖励，做错事就惩罚。

有的家长规定孩子放学后不许看电视，可是当孩子写作业时，自己却坐在客厅里看电视；有的家长要求孩子看书坐姿端正，可是自己却躺在床上看书。如果家长不自律，只是要求孩子去做，那么孩子必然会产生抵制情绪。经常听到有的家长批评孩子时，孩子会反驳说："你不是也这样吗？"所以要想让孩子执行规则，家长一定要树立一个好的榜样。比如孩子写作业时，家长可以在旁边看书或者工作，但一定不要看电视或者玩手机。定的规矩必须双方都遵守，如果家长不遵守规矩，孩子也不会遵守规矩，不要以为自己的理由有多么高明，孩子学得也很快，他会找出同样的理由来对付你。而且定的规矩必须持续一段时间才可以调整改变。有的家长今天定的规矩，觉得不合适明天就改了，这样孩子会觉得家长出尔反尔，不尊重规则，那么孩子也就不尊重规则了，规矩便很难定下来。可以坚持一段时间再修改，当修改的时候，孩子会认为更改后的这个规则也是有效的。

如果家里有几个孩子，或者跟孩子的玩伴一起制定规矩，那么规矩要一样，给孩子们定一样的规矩，不能让孩子觉得不公平。规则关乎孩子的日常生活和学习，家长需要和孩子一起充分讨论后共同制定。建议家长采取家庭会议的形式，家庭全体成员共同参与规则的制定，营造平等、民主的氛围，家长和孩子都要充分表达自己的意见和感受。家长不能搞"一言堂"，把自己的意志强加给孩子，尤其是对大一点的孩子，要让孩子有充分的话语权，这样制定出来的规则孩子才愿意遵守。

家长在培养孩子的自制力时一定要有耐心，要使用适当的教育方法。要尽量让孩子感到心悦诚服，不过分束缚孩子，不粗暴对待孩子。我们必须让孩子明白，生活中有些东西并不是想要就可以得到，至少不是马上就可以得到的。如果我们不想办法让孩子明白这一点，走出家庭后，他们遭遇到的拒绝和挫折恐怕会更严重。而当孩子自己发现哭闹不能帮助他达成心愿、解决问题时，他自然就会放弃哭闹，要么等待，要么通过付出努力得到想要的东西。

赞美和鼓励对孩子来说是强大的动力，能有效地开发孩子的潜力。在孩子做出有自觉性、有自制力的行为时，家长给予及时的赞美和表扬，孩子便会继续努力。长此以往，孩子的自制力便可以得到增强。

懂规矩的孩子能更好地适应社会

《家庭教育》中说得好："有规矩的自由叫活泼，没有规矩的自由叫放肆。"我们都希望自己的孩子"活泼"，但"活泼不等于放肆"，因为短暂"放肆"后，可能余生受尽生活的毒打。所以，我们要在爱中加入规矩，让孩子守好三条底线，孩子的未来就不会差。

规则意识是孩子的安身立命之本

曾经有个轰动一时的新闻：熊孩子朝火锅里吐口水酿命案。起因是孩子一家去火锅店吃饭，大人们落座以后，孩子却坐不住，左顾右盼之后，他开始下地活动，跟他同行的大人没有阻止孩子。孩子百无聊赖，看见他们的邻桌吃得正香，便往邻桌扔东西。邻桌是两个年轻男子，看着孩子任性胡闹，便客气地跟他的家长说，让他们管管孩子。孩子的家长却不以为意，说："他还是个孩子，你们跟孩子一般见识干什么！"年轻人明显不想惹事，默默地低下头，继续吃饭。可是，家长的不管教却让孩子吃了定心丸。他开始变本加厉，跑过去，朝着邻桌的火锅里吐口水。这下，年轻人怒了，直接把孩子的头按到滚烫的火锅里……

结果，孩子毙命。后来才知道，年轻人是在逃杀人犯。本来只是一个小小的礼貌问题，由于家长的放纵、不管束，最终让孩子付出了生命的代价。

作家刘墉曾说过一句很深刻的话："你不舍得给孩子立规矩，就会有人给孩子长教训。"我深以为然。当你给孩子立规矩时，孩子可能会有小小的痛，你会心有不忍，可总好过别人给孩子"长教训"，也许那种痛是我们无法承受的。

因此，让孩子拥有规则意识，是我们必须坚守的底线，是孩子的安身立命之本。

在日常生活中，我们要让孩子懂边界，有的事不能做；

在冲突发生时，我们要让孩子知敬畏，有的人不能碰；

在与人交往中，我们要让孩子存善念，所有人不能欺。

让孩子拥有规则意识，其实并不难。只要日常时时处处遵守规则，给孩子做榜样就好。家长有空就和孩子一起观看安全教育课，在轻松温馨的聊天中，让孩子建立安全意识；或者多带孩子参加团队竞技活动，让孩子明白规则无处不在。要让孩子知道，遵守规则，才能拥有最大限度的自由。

责任意识让孩子学会担当

斯科特·派克在《少有人走的路》中写道："人生是一连串的难题，解决人生问题的首要方案，是自律。在自律的原则中，核心是要学会承担责任。"

孩子要成长，就会面临一个接一个的问题，在问题的解决过程中，孩子必须承担起自己的责任。家长爱子，则应为之计深远。真正爱孩子的家长，都在培养孩子的责任心。责任心是战胜困难的强大动力，很大程度上决定了孩子能否做好自己的事情，能否担负起自己的人生。让孩子承担自己力所能及的事情，在此过程中，我们可以引导而不是随意评价；制订计划时，征求孩子的意见，协商、定下后，就严格执行；孩子犯错，不必急于指责，让他承受自然后果，并勇于改正。没有一个孩子不想懈怠，而责任感就是孩子适应社会最强有力的保证。

获得自主感是孩子蓬勃发展的动力

曾经看到过一个新闻：985高校"学霸"的作息时间表曝光后，瞬间刷爆网络。他叫程泽堃，是西北工业大学物理科学与技术学院的一名大四学生。他的作息时间表，密密麻麻记录了自己每天的日程安排。蓝色部分是课程安排，而白色部分全部都是他的自主安排。所以，与其说火的是他的日程，倒不如说是他对自由时间的极致掌控。当那些小时候被爸妈推着走的孩子在大学失去推力后，他们的注意力被游戏、小视频收割殆尽的时候，程泽堃掌控着自己的生活，把自主时间全部安排上积极向上、有益自身发展的项目。正是这种完美的掌控和自主精神，使他获得一个又一个成绩、一重又一重肯定。

当一个人拥有自主感，他会积极地安排自己的生活，并严格执行；会做无数的事情，却不知疲倦；会找到自己的理想与价值，并坚持，直到成为自己想要的样子。

曾看到一句话："如何毁掉一个人？就是让他对生活失去掌控感。"如果失去掌控感，自主性不强的孩子对什么都没兴趣。他在家长的推动下生活，却承受着严重的精神内耗，内心冲突不断。这种情况，一般都是由于家长的过多干预，这也成了孩子成长路上的绊脚石。

其实，要让孩子获得自主性很简单。生活中，尊重孩子的喜好，而不是强迫孩子听从自己的命令；学习中，给孩子制定大规则的建议，具体细节如作业的先后顺序，则由孩子安排。家长"懒"一点，孩子可能就会勤快点；家长少操点心，孩子的自主感就强一些。当孩子有了自主性，他就会慢慢发现自己真正想要什么，他就会投入更多，让自己的未来蓬勃发展。

哲学家黑格尔说过："秩序是自由的第一条件。"我们要想过得自在、过得好，就要先遵守一些底线。没有规则意识的孩子，从闯祸到犯罪，害人害己；懂得规则的孩子，心中存着一杆秤，轻重自知。没有责任心的孩子，自私冷漠；拥有责任心的孩子，勇于承担，能扛事。让孩子懂得遵守规则、知道做事要承担责任、能自主掌握自己的生活和学习，可以帮孩子更好地融入社会，为自己的未来注入持续的生命力。

了解孩子的天性，才能更好地立规矩

社会心理学家艾力逊研究指出，人的一生可以分为8个发展阶段，每一个阶段都有其心智成长的特定目标。如果在某阶段出于某些原因不能正常发展，这个人会在生活上出现一些问题，长大后他就需补回这个过程，但要付出很大的人生代价。艾力逊的研究结果被现代的社会心理学家所尊崇，因为它解释了在不同社会里成年人性格和行为上出现种种偏差的成因。8个阶段的前5个，往往在一个人21岁之前完成，但孩子良好的性格、行为习惯的养成，在12岁之前完全有赖于家长的精心培养。把握这几个关键时期，给孩子立规矩，能让孩子成长得更优秀。

0~1 岁——给予孩子及时充分的回应

孩子饿了，需要被喂食；受到惊吓，需要被拥抱；哭泣闹腾，需要安慰。

家长要让孩子知道他有多么重要，家长多么需要他。孩子会觉得生长在一个安全的环境中，长大后会是一个开朗及信任别人的人。

如果孩子觉得自己生活在一个不安全的环境中，如哭泣的时候被家长放在一旁不闻不问，伤心的时候没有拥抱来安慰，他长大后会表现出一种异乎寻常的害怕、胆小，拼命寻找一个依赖的对象，就会很容易早恋，而且感情容易

出问题，出了问题还要极力地辩解，展示出偏执，时时需要被人夸奖。

2岁——开始有自主意识

2岁是孩子人生当中第一个叛逆期，这也被很多家长认为是"可怕的2岁"。2岁的孩子开始尝试探索，自主能力逐渐提高，并且能够初步具备一些简单的行为判断能力。

这时候孩子开始学习如何控制自己的生理机能，注意到身体的能力。他们对平时的吃饭、穿衣、玩玩具、看书等事情，都想自己拿主意，不想受到父母的安排；他们通常喜欢和父母争夺话语权，很多时候他们并不是内心真的否定家长的想法或意见，而单单只是为了反抗而反抗，他们希望通过自己的发声让父母关注他们的存在；2岁的孩子基本已经能够通过语言明确地告诉家长自己想要什么、想干什么，但是一旦不满足他们的要求，便会出现哭、闹、撒泼打滚的现象；2岁的孩子逐渐开始懂得"你、我、他"之间的区别，领地意识开始变强，自己的东西也不会轻易让别人碰，常常挂在嘴边的话是"这是我的"，如果达不到他们内心的期望，他们便会发泄出负面的情绪。

但他们对各种道德观念和处事原则的认知是空白的，他们不知道对错，也不知道自己应该做什么。这个时候家长就可以开始给孩子讲一些规矩，让孩子知道什么可以做、什么不能做。这是开始引导孩子懂规矩的第一阶段。家长可以给孩子提出这些要求：能够自己吃饭、喝水，饿了、渴了能够表达出来；树立安全意识，不碰热水、不碰电源开关、不碰火等，避免孩子受到意外的伤害……

如果能够受到家长的尊重，孩子会获得充满自主的感觉，觉得自己对这个世界有一份影响力，会对任何事都充满自信。若孩子在这个重要阶段得不到鼓励，或因为一点小失误就受到批评、指责，如尿湿裤子的时候家长责骂，孩子容易产生羞愧感，觉得很惭愧。长大后，他会经常出现自卑，觉得自己不可爱，严重的甚至会怀疑自己存在的理由，不知道自己真正需要些什么，没有力量拒绝别人。

给孩子立规矩，培养孩子的规矩意识，尽量从2岁就开始。

3~6岁——主动性萌发

3~6岁是孩子性格形成的关键期，这个时期的孩子喜欢幻想，喜欢创造一些稀奇古怪的东西，他们的自我意识相对成熟了，能分清对和错，喜欢按照自己的主意行事，喜欢主动帮助家长做事情。

如果孩子在这段时期得到家长的支持和认可，他会说出自己的想法，表达他的情绪，从而发展出健康、积极的好奇心。而如果孩子在尝试新事物时，家长经常阻止，甚至因为尝试而受到处罚，他就会觉得内疚、有犯罪感，因此会停止他的主动行为，或转为秘密进行，甚至有意破坏东西。慢慢地，他就不会跟家长分享内心感受，经常感到无助，只会安慰别人，不懂处理自己的情绪，在与人的相处中会不断地讨好别人。

孩子最初的价值观、是非观往往都是在这个时期建立起来的。古人就有"三岁看大，七岁看老"的说法，这个时期家长要对孩子严格要求，原则性的问题绝不能姑息迁就，比如打人、说脏话、浪费粮食等。

在这一时期，家长可以从以下几方面做起，给孩子定规矩会更简单：

①可以交给孩子一些简单的、他们力所能及的工作去做，即使孩子没有坚持到底、没有完成，也尽量不要惩罚，要表扬他们所做出的努力。

②可以让孩子用做游戏的方式表演遵守规矩的好行为。

③这一时期的孩子可能会出现撒谎、欺骗的行为，家长要冷静对待，可以适当做出惩罚，但惩罚时间要短。

④孩子的自控能力会逐渐增强，家长也要学会换位思考，尝试一些不同的行为管理方法，给孩子增加一些限制措施。

7~12 岁——竞争开始

这个时期的孩子，会开始与别人竞争，同时开始与人比较自己的优缺、样貌、家境等。如果家长和老师能鼓励孩子发挥自己的优势，让孩子觉得自己与其他人一样优秀，孩子会受到激励，变得有活力。

反之，家长如果经常严厉地批评孩子，或忙于工作忽略孩子，孩子就会产生不信任自己、不会主动去做事的习性，时间长了就会产生自己不如别人、不配去做某事的自卑心理。在学校，他会避免参与任何竞赛，或者相反，什么事都喜欢与人竞争、较劲；做事拖延，不知道如何达到目标。

人生的每个阶段都极其重要，家长如果胡乱对待孩子，那今天我们种的因，就是明天孩子不幸福的果。家长是孩子最好的老师、最亲密的朋友、最安全的靠山；而家庭是孩子最好的学校、最温暖的港湾、最幸福的舞台。

了解孩子的需求，让规矩符合预期

虽然身为孩子的家长，但很多时候我们其实并不清楚孩子的需求是什么。如果对孩子的内心需求不了解，那立规矩这件事可能就不会太顺利，或者给孩子立的规矩是我们想当然的产物，而不是建立在对孩子真正有益的基础上的。所以，在立规矩前，我们要知道孩子的需求。

孩子需要他人的关注

所谓关注，就是要用眼睛去看某人某事，用心、用实际行动去对待某人某事。很多人都会渴望得到这种被关注的感觉，想象一下，我们成为他人目光的焦点，享受他人更多的关心爱护，内心是不是都会有一种满满的幸福感呢？若是我们有这样的感觉，那么孩子也会有，而且他对这样的感觉还会更加渴望。

生活中经常有这样一种情景：孩子会将自己的任何一个发现、任何一种举动都大声喊出来，以吸引我们的注意。这便是一种"求关注"的心理。而他也更希望能多和我们在一起，若是我们的目光能多在他身上停留，他就会感到非常开心。

　　相反，假如我们只顾着忙自己的事情，孩子就会产生一种被忽略感，而被忽略的他可能就会想尽一切办法，希望能再次引起我们的注意。这时，也许他就会显得闹一些，比如他会大喊大叫，也会不断地打断我们正在做的事情；有的孩子还会大哭，用不断捣乱、闯祸来将我们的视线拉向他。而此时，我们常常会觉得孩子有些无理取闹，于是可能会训斥他，对他大吼大叫，还可能继续采取无视的态度，表现激烈的家长还会对孩子施以惩罚。甚至有的家长还会借此机会拿出类似所谓的"保持安静"的规矩来，想要以此约束住孩子的这种"胡闹"。

　　这样的"规矩"是无效的，起不到好的效果。要知道，孩子需要的是关注，我们的关注会让他也注意到自己的表现，而规矩也应该基于关注之上，这样他自然会明白规矩与他的行为表现之间的关系，这也能帮他更好地理解所立规矩的内容与意图，从而在更好地表现自己的同时，实现对规矩的遵守。

　　其实仔细想想，孩子某些时候的"胡闹"有恶意吗？当然没有！他需要的只是我们的关注而已，而这个要求并不难满足。而前面那些做法，不但没有满足孩子的需求，反而还让他体会到了规矩的残酷与不讲情理，日后他对规矩的感觉一定不会好，而他所期待的那种幸福感也就随之烟消云散了。这样的情形恐怕也不会是我们所乐见的吧！所以，不要总是从自己的角度去考虑，孩子的需求是我们不能也不该小视的。

　　所以，面对孩子那渴求的目光，我们也应该做些什么了。

对于孩子"求关注"的心理给予积极的回应

　　发现了一朵以前没见过的花，看见了一队在搬东西的小蚂蚁，踩出了一大片水花儿，自己在脑袋上做出了一个"新发型"……孩子身上可能会出现各种各样的事情，他的发现、他的行为，都会成为让他感到快乐的源泉。同时，他也更希望我们能与他一起分享他的快乐，于是他就会喊"妈妈，快看"或者"爸爸，看呀"。

面对孩子这种"求关注"的心理，有的家长可能只会"嗯"一声，或者简单地瞟一眼，然后就依旧自顾自忙了；更有甚者，可能会不识趣地冲孩子大吼大叫。千万别这样！孩子那么期待我们和他一起感受快乐，我们的积极回应才符合他当时的那种快乐的基调。

此时，我们要把身体转过来，眼睛看着孩子所说的东西，或者看着孩子，认真听他说，认真看他的"表演"，给他一些回应。比如，趁势问他一个问题，或者点评一下，给他一个微笑、点头，或者回以各种恰当的肢体语言……这些及时的回应，都能满足孩子的受关注欲，同时我们也能分享到他的快乐。

最好主动去关注孩子

主动关注是一种很好的接近孩子的办法。

"你在做什么？"妈妈问。

孩子举着积木说："我在给小动物们搭个游乐场。"

"哦？不错嘛！"妈妈很感兴趣地说，"能给我说说为什么要这么做吗？"

孩子一边忙着拿积木一边说："我想让小动物坐摩天轮，之前妈妈带我去坐过，很好玩。"

"哈哈哈……"妈妈笑出了声，"需要我帮忙吗？"

"好呀，妈妈你帮我搭一棵大树。"孩子指着堆在一边的积木说。

这位妈妈的表现是值得借鉴的，她从孩子正在做的事情入手,逐渐拉近与孩子的距离。虽然孩子自始至终都很忙的样子,但从他愿意与妈妈一起分享快乐这一点来说,他正在享受妈妈的关注。而且,妈妈的夸奖也让他感受到了肯定,所以他的感受应该会更愉悦。

我们不妨也试试这种主动关注的做法,大多数时候,孩子会很乐意与我们分享他的快乐。当然,如果他在搞什么小秘密,我们也要"顺从"他一下,保守他的秘密对他也是一种尊重

一定要告诉孩子我们爱他

当孩子觉得我们对他的关注不够时,其实他已经感觉有些缺爱了。所以一定要告诉孩子,我们爱他,而且非常爱他。但如果没有高质量地陪伴他,他没有感受到这份爱的话,我们应该用通俗易懂的语言跟他解释为什么有时候我们没法更长时间地陪着他,以得到他的谅解。当然,也要答应他的一些合理要求,在陪着他的时候,要积极地听他说,认真地看他做,或者开心地投入到他所希望的游戏中,而且不要那么意图明显地教他一些东西,这样我们和他都会开心。规矩就应该是双方开开心心地立下的,而不是一方大吼大叫地强势订立、一方哭哭啼啼地弱势遵守。

孩子需要家长对他足够信任

给孩子立规矩,还有一个基础,就是彼此信任,既需要孩子信任家长,也需要家长信任孩子,如此,规矩才会立得顺利,也才会得以有效执行。否则,任何一方不信任另一方,都可能会让规矩变成"一纸空文"。我们要信任孩子,相信他有遵守规矩的意愿与能力;而孩子则要信任我们,相信我们的确是想要通过立规矩来帮他更好地成长。

　　两相对比，我们对孩子的信任似乎更重要一些，这份信任几乎可以左右规矩的执行。说起信任，可能很多孩子又会觉得有些难过了。因为这是一种他很渴望从我们这里得到的东西，但也是很难甚至是无法获得的东西——很多家长并不信任孩子。

　　比如，有的家长觉得孩子能力不足，缺乏经验，很多表现不那么令人满意。而且大多数家长对"童言"都抱有一种听听就算了的玩笑态度，他们并不觉得孩子的言论或思想有什么可取之处，只会认为他是在异想天开，或者是满口幼稚的话语。

　　做家长的如此自以为是，那对孩子的信任程度真是低到不能再低了。于是我们便根据自己的判断，拒绝让孩子做更多的事情，对他提出的任何建议都不感兴趣，很多事情能不对他说就不说。我们看孩子时眼中充满怀疑的目光，孩子的内心自然也会恐慌，这样他哪里还有精力去体会生活的幸福？而我们不相信孩子却还非要给他立很多规矩，孩子怎么会有兴趣去主动积极地遵守这些规矩呢？

　　但是冷静下来想一想，孩子真的如此不值得信任吗？当然不是。

　　孩子可以凭借自己的能力学会该学的知识，而且很多时候还能无师自通，领悟到我们还没有告诉过他的知识；对于我们交代的事情，孩子也会认认真真地去做，而且很多时候完成情况是很好的；有些事情，比如我们换了工作、家中发生了变故等，如果我们如实地告诉孩子，他一样能很好地配合我们去适应新的生活，反倒是我们一直瞒着他，要是哪天不小心让他发现了真相，才更会让我们感到头疼。

　　说到信任，我们还是要回归到一个最基础的话题，那就是我们是不是能将孩子看成是一个独立的个体？是不是能尊重他这个独立的个体?

在日常生活中，怎样体现这种"尊重"呢?

确定事实，不随便怀疑孩子

其实生活中我们对孩子的很多怀疑都来自"自以为是"，我们按照自己的理解认为某些事情是怎样的，便以此判定事实就是如此，殊不知正因为缺乏调查，才让我们对孩子产生了不该有的怀疑。

所以，对于很多事情，该多了解一下事实到底是怎样的，了解得越多，也就越不容易随便怀疑孩子。

和孩子说话注意语气与态度

了解事实也是有一定要求的，千万别对孩子进行"有罪推定"。法律上的有罪推定，是指未经司法机关依法判决有罪，对刑事诉讼过程中的被追诉人推定其为实际犯罪人；而通俗一点来说，就是直接在心底认定某人就是罪犯，然后再去寻找他真的是罪犯的证据。

在教育孩子的过程中，一定不要一开始就怀疑孩子有问题，否则这种从一开始就表现出来的不信任感势必会伤到孩子，轻者让他委屈不已，重者可能导致他的反抗，有时候甚至会使他故意说谎来表达内心的不满。

即便是要询问，也要用中立的态度，别直接问"你是不是"，尽管看似疑问，但疑问的背后已经是倾向于肯定的怀疑了，并且是几乎不容孩子辩解的。这显然不妥。所以，询问就应该心平气和地问清事实真相到底是怎样的，这样就能从一个相对比较客观的角度去认识孩子的问题，从而避免不必要的怀疑。

对孩子的能力有基本的判断

这一点其实一直是我反复强调的内容，也是信任孩子的一个最主要表现。除了要认清楚某些事实，家长对孩子的能力也要有一个基本的判断，只要是在他这个年龄段或者以他的能力掌握了的，就要有所认可，相关事宜就可以放心交给他去办。别怕他出错，哪怕真的出了错，也可能只是他缺乏经验或考虑不周罢了。我们越是信任他，他的表现可能会越好。

孩子需要他人的认同与肯定

通常情况下，我们若要认可某个人，可能会对他的能力进行一个基本的判断，如果觉得他达到了我们内心的标准，就会肯定他的一些表现，认可他这个人。但是显然，一些妈妈似乎并不愿意将这种"认可"用在孩子身上。

在有的家长看来，孩子本身就是一个"极弱"的存在，不管他怎么表现，他缺乏能力这个事实都是无法改变的。所以，按照她们内心的那个标准，通常很难完全认同孩子。

除了不认可孩子的能力，对于他的缺点、错误以及可能存在的各种问题，都会有一种担忧。哪怕自家孩子只是比别人家孩子晚两天学会爬，都会觉得自己孩子有问题，对孩子也就更加没有认同感。

想想看，一个得不到家长认同的孩子，总是生活在一种被质疑、被否定的环境中，就算他有再好的生活条件，可他内心却总也无法得到满足，他会快乐吗？当然不会！

从家长的角度来看，虽然望子成龙的心情可以理解，但孩子总是既有

优点也有不足。如果我们只是放大他的不足，却漠视他的优点，这对他是不是也不公平呢？而从孩子的角度来看，家长的这种不认同，对他来说就是一种伤害，这无疑就是在阻碍他幸福感的建立。若是我们再在这个基础上非要给他立一些规矩，要求他必须完成什么，必须实现什么，完全不幸福、没有快乐可言的孩子会心甘情愿去遵守这些规矩吗？答案显然是不可能。

不管怎样，来自家长的认可都是最能让孩子感到心安的。只要有了家长的认可，即便遇到困难，他也会努力克服；即便遇到问题，也能很快地解决。在孩子看来，家长的认可就是对他的鼓励，就是对他的爱，这份爱的包容会让他觉得无比安心。

而显然，认可也是立规矩不可或缺的前提之一。因为只有家长认可了孩子，孩子才会得到满足，他对所立的规矩才不会排斥，当然所立的规矩也更符合他的需要。如果家长根本就不认可孩子，就会出现各种"嫌弃"他的可能，连带着各种音调的吼叫，那样给他立的规矩可能就会带着某种不满甚至是怨气，当然就不适合孩子。这样的规矩要么太过严格苛刻，根本无法执行；要么太过宽松，跟没立规矩没什么区别。而且如果家长不认可孩子，他也就不愿意遵守那些规矩，他的反抗就会越发强烈。

所以看待孩子，我们家长应该用一种宽容的眼光。

对于他的优点，不管大小，不管是不是很出众，只要他有好的表现，就都值得肯定，能夸奖的就要夸奖。尤其是对于那些他以前没有，但是经过学习或者模仿突然表现出来的好的行为，我们更是要通过鼓励、夸奖等来加深他的印象和认同感，从而促使他有更多良好的表现。但要注意的是，夸奖要有度、过度要具体，不要过度或过于宽泛。

当孩子在某一方面取得进步时，夸奖一定要明确、具体，让孩子明白要努力的方向，这样才能获得更大的进步。

有效夸奖：宝贝吃饭的时候没有乱跑，表现很好，妈妈相信你下一次也会这样做的。

无效夸奖：宝贝乖乖吃饭，真是个好孩子。

当孩子按要求完成一件事情时，我们可以表扬他的"责任感"，这对孩子的激励作用十分明显，会让孩子努力继续得到表扬。

有效夸奖：宝贝把玩具收起来了，真是个有责任心的孩子！

你负责整理的房间很有条理，做得不错！

无效夸奖：宝贝真棒/宝贝好厉害/宝贝真是个乖孩子！

对于他的能力，能表现出来的好的能力要肯定，即使表现不出来也不要失望。要相信孩子，肯定他的潜能，肯定他想要努力的意愿。要更多肯定他做事的过程，至于那个结果，反倒不要看得太重要。当妈妈对孩子的行为结果不患得患失时，孩子反而更能放开手脚，把自己的能力发挥到极致。

对于他的错误，包容一些对待。"人非圣贤，孰能无过"，成长中的孩子不可能不犯错，如果每个错误都不可原谅的话，孩子会变得茫然不知所措，可能会导致他不知道该怎么做或做什么。当孩子犯了错误，一方面不要帮他掩饰错误，另一方面也要避免呵斥吼叫，而是要想办法引导他去改正，"过而能改，善莫大焉"。还有一点，对的规矩能帮孩子少犯错误，所以不妨以孩子的错误为契机，给他立一条合适的规矩。

孩子需要家长精心爱护

所有家长都希望孩子能明白自己对他的爱，但是很多家长并不清楚具体该怎么做。比如，有的家长觉得严厉就是爱，因为孩子正在成长，严格要求才能让他学到更多东西，才能让他更独立，以后也才会成才。于是，这样的家长就可能会用一些很严苛的规矩去约束孩子，并提醒他一定要严格执行，假如没有执行，那么等待他的就会是各种惩罚。

又如，有的家长觉得要倾尽一切地去爱孩子，无微不至、嘘寒问暖、尽自己所能才能让孩子更好地感受到爱。这样的家长对立规矩这件事持有一种模糊的态度，规矩立得很宽松，而当孩子连这种宽松的规矩也没有遵守时，家长也会睁一只眼闭一只眼，以为这是宽容，也以为这就是爱。

前一种家长的做法，孩子其实体会不到那么深刻的爱，他感受到的只是家长对他的严苛，他会觉得很受约束，那些规矩也会让他感到很难遵守。久而久之，这样的孩子可能会对规矩很排斥，不愿意去遵守；也许会变得沉默寡言，一副爱怎样就怎样的姿态；或者变得无比叛逆，就跟家长对着干。就算是他在家长的严格要求下暂时取得了一点成绩，但他始终感受不到爱，当这种愤懑积压到一定程度后，其心灵可能也会发生扭曲。

而后一种家长的做法，则是将爱变成了溺爱，孩子会慢慢被这份爱吞没，正所谓"爱之不以道，适所以害之也"。而在这种情况下立的规矩，可能就会变得一文不值，因为在孩子看来，反正不管怎样家长都会爱他，他已经习惯性地无视这份爱了，连爱都如此廉价，规矩又有什么价值呢？这样的孩子以后还会对家长提出更高、更无理的要求，而且也很难去顾及家长的感受。

这也就是说，我们给孩子的爱，不足和超量都会让他对爱的感觉产生偏差。也许他最需要的，应该是我们对他的精心呵护。精心呵护与溺爱不同，前者是充满理性与智慧的，而后者则是感性与想当然的。所谓精心，就是要爱得细致且恰到好处，有温情，同时也要有严肃，爱和规矩可以并存，这样孩子才不会出现"被爱感觉失衡"。

事实上，精心呵护也是我们给孩子立规矩的前提条件之一。有了我们的精心呵护，孩子自然也会感受到这份浓浓的爱意，从而不再排斥立规矩这件事，而且也更容易体会到规矩可能带给他的帮助，从而更乐于遵守规矩。所以，跟孩子立规矩也需要把握好分寸。

从最简单的动作来说，如果我们能微笑地注视着孩子，那他就会觉得自己受到关注，他的表现也许就会变得更好。假如在不打扰他的情况下能再多一些动作，比如轻抚一下他的头发、衣服，或者握住他伸过来的手，这会让他感到更加温馨。其实这样的动作都很简单，也不用刻意去做，自然地表露出来，在孩子的感觉里，这就是爱。

当然，孩子还需要我们更温和亲切的语言。说话不要太快，慢一些，吐字要清楚，即便是有要求或者要孩子改正什么，也不要太过严厉，尤其不要大吼大叫，一定要杜绝谩骂的字眼。有时候，孩子可能并不需要我们说什么，也许他只是想要安静地依偎一会儿，那么这时我们可以等着他开口，假如他不开口，那就安静地和他在一起坐一会儿。

此时我们也要注意他的情绪，如果他表情很平静，我们就没必要多说什么了；但是如果他很沮丧，或者已经开始表现出负面情绪，那么我们就可以多问几句。不要一上来就训斥他的坏脾气或者哭泣行为，给他一些发泄的时间，然后再仔细询问原因，并帮他排解情绪。

有时候孩子表现得和我们不是那么亲密，我们也不要太过担忧，他可能只是想要一个人静一静罢了。这时我们也要意识到他内心的需求，给他一个独处的空间，只要能保证他的基本安全与健康，就不必太过干涉他做了什么。

至于说规矩，在爱的前提下立的规矩，里面也同样包含着我们对他成长的细微呵护。而有了爱做基础，孩子也会更乐于、更努力去遵守规矩。

孩子需要家长用心陪伴

无论是关注还是呵护，其实用一句话来总结就是，孩子最需要的是家长的陪伴。如同前文所说，陪伴孩子也是给他立规矩的一个重要前提条件。

因为有了我们的用心陪伴，孩子对所立规矩的感觉才会是"这是爸爸妈妈在关心我"，否则他就会觉得"爸爸妈妈是在借助自己的身份和规矩来压制我"。更重要的是，我们只有用心陪伴了孩子，才能发现需要在哪些方面给他立规矩，这样立出来的规矩才是最符合孩子实际情况的，也是最能让孩子受益的。

所以，给孩子立规矩之前，我们一定不能忽视他对"陪伴"的那种深深的渴望。

说到陪伴，有一些家长会觉得很无奈，有一些家长则会觉得没那么必要。

觉得无奈的家长，可能是因为自己工作繁忙，实在无暇顾及孩子。权衡一下，如果每天只陪着孩子什么都不干，一家大小的衣食住行便成了问题；但是如果去工作，虽然不一定总是能陪在孩子身边，但是还有家人可以代劳，比如孩子的爷爷奶奶、外公外婆等，而自己也能在下班后和节假日抽出时间来陪孩子，如此一来似乎做到了两不误，但还是有些许的无奈。

而觉得没那么必要的家长，则是有另一种看法。他们会认为孩子不能太娇惯，每个人都有自己的事情，怎么能总是陪着他一起耗时间呢？孩子必须学会独立，而且也要学会不给其他人造成困扰。而且更重要的是，年轻的家长大多很忙，工作生活一样都不能耽误，他们认为陪孩子还有的是时间，也不急于这一时，先让家庭生活稳定了，以后什么都好说。

不能经常陪伴孩子的家长如果给孩子立了某些规矩，孩子可能会感觉比较委屈，甚至有被不公平对待的感觉。因为规矩的细节内容很有可能全都是从家长的角度来考虑的，孩子感受到的只是"束缚""被控制""没自由""不能自主"等。

没有家长的陪伴，若是再加上这些在孩子看来是"强人所难"的规矩，他的幸福感瞬间降到零也就不是什么不可能的事了。而如此一来，在孩子身上就可能发生比较严重的问题。

孩子需要让自己感到安全

不安全感是孩子与生俱来的一种感受。原本在母体中，他什么都不用操心，吃喝睡觉甚至是玩耍，他都在一个相对安全的环境里。但是在出生以后，孩子就要面临一个完全陌生的世界，外界的种种对他来说都好像是危险的，所以他会非常没有安全感。

身为家长的我们，是帮孩子消除这种不安全感的重要的"避难所"。我们要让他安心地成长，否则不安全感将可能让他时刻处于恐惧之中，这种精神状态将会影响生长激素的释放，从而阻碍他的成长。

而且缺乏安全感的孩子对做任何事都是没有多大兴趣的，不管我们要求他做什么，他都可能不敢上前。因为他的内心总是处于一种不安定的状态，他小小的精神世界里几乎分不出空间来让他有足够的专注力去做别的事情。

在感受不到安全的情况下，幸福感更是无从说起。而且这样的状态也会让他对所谓的规矩视而不见，因为他会更加专注于自己是不是够安全。如果某些规矩让他觉得自己那本就薄弱的安全感受到了威胁，他会果断地选择抛弃规矩而去寻求安全感。

可见，安全感是孩子不可或缺的需求之一，也是我们与他立规矩的另一个必要前提条件。安全感会让孩子感到安心，他不会分出多余的心思去考虑其他问题，这时再给他立任何规矩，他就会将全部心思都放在规矩的内容上。而在安心的状态下，他也会更认真地对待规矩，这将有助于他对规矩的理解与遵守。

立规矩时家长的身教胜于言传

中国自古就有"龙生龙，凤生凤"的说法，在现实生活中，我们在孩子的身上能看到他们父母的影子。所以，家长希望自己的孩子成为什么样的人，首先自己要成为什么样的人。孩子从小到大，所有的知识和能力都要学习，如果周围没人能做到，没人给他示范，他如何能做到呢？所以，家长对孩子的要求，尽量以自己也能做到的为标准，否则就真的是在苛求孩子了。家长做好自己，努力工作，认真生活，让孩子懂得做任何事情都要付出自己的努力的道理。家长对孩子的影响，身教胜于言传。

做身心健康发展的母亲

都说女儿是妈妈的"贴心小棉袄"，然而，不管是女儿还是儿子，在孩子没长大之前，妈妈往往扮演着孩子的"贴心小棉袄"的角色。

当孩子哭泣的时候，大多数情况下是妈妈在旁边陪着他，拥抱他；

当孩子想说话的时候，往往是妈妈放下手头的事情，认真地跟他交谈；

当孩子想要与人分享自己的心情时，他们最先想到的是妈妈；

…… ……

孩子是在母亲体内孕育的新生命，因而母亲的身体素质决定了孩子的健康基础。有科学统计表明，母亲的智商对孩子的智力有更为明显的遗传优势。人们都说女孩是妈妈的影子，有什么样的妈妈就有什么样的女儿。现实中的确如此，不管妈妈们是否已经意识到，大多数的女儿都会把自己的母亲当成模仿对象。仅仅在日常生活的接触中，母亲就可以在生活的各方面影响女儿。女儿也正是在生活的各个细节中感受到母亲所传递给她的对于自我、社会，以及生活的一般观念。

一个合格的母亲必须具备健康的心理素质。母亲的心理健康水平可以直接影响幼儿，母亲的心理健康水平越低，幼儿的焦虑症状得分越高，发生各种焦虑障碍的可能性也越大。如一位心理学家的一项追踪研究发现，在心理健康存在问题的母亲照料下的儿童，比其他儿童表现出更多的外化问题和内化问题（包括焦虑）。

分析原因可能是，心理健康水平较低的母亲经常会表现出一些特定的情绪与行为，如心神不定、害怕空旷的场所、情绪易紧张、易激惹、胆小、坐立不安等，这些情绪与行为的表现比较明显，容易被孩子觉察，从而导致孩子较高水平的焦虑；另外，这些情绪与行为也可能会影响到母亲的教养观念与行为，破坏了母亲与孩子之间的良性互动，引发孩子的焦虑。

另一项研究发现，母亲的心理健康状况在养育孩子的过程中会影响孩子的心理健康状况，比如一个焦虑或者长时间抑郁的母亲，她在抚养孩子的过程中会产生一种消极的抚养行为，这样潜移默化的消极心理行为会影响孩子的健康。

父爱不可替代

《三字经》中有"养不教，父之过"的训诫。现代研究发现，和母亲一样，父亲和孩子也有着独特的连接，父亲的作用也是独特的、不可替代的。如果孩子在成长过程中缺少了父亲的陪伴和教育，一样会有缺陷。父亲和母亲在与儿童的关系上存在差异，儿童伤心或恐惧时最依恋母亲，而在游戏时最依恋父亲；母爱在满足孩子最基本的需要上起着更大的作用，而父爱则是通过给儿童展现新奇的经历或独特的刺激以触发儿童的情感机制，它是儿童社会化能力发展的一个重要步骤。所以当儿童的饥饿、口渴、安全等基本需要得到满足后，社会化的学习中父爱的影响就凸显出来了。特别是到了青春期，孩子就更需要带有力量和权威的父爱，这一时期父亲对孩子的影响甚至会超过母亲。

著名的心理学家格尔迪说："父亲是一种奇特的存在，对造就孩子有一种特别的力量。"英国著名文学家哈伯特也说过："一个父亲赛过一百个校长。"从做父亲的那一天起，这就是一个毕生职业，一个好爸爸，会学习怎样教育孩子，学习怎样爱孩子，用父爱为孩子撑起一片天，让孩子拥有灿烂的人生。那么具体来说，父亲对孩子有哪些影响呢？

提高孩子的智力

研究发现：孩子智能发展的高低与和父亲接触的密切程度息息相关。心理学家麦克·闵尼指出：一天中，与父亲接触不少于2小时的孩子，比那些一周以内接触不到6小时的孩子的智商更高。更有趣的是，研究人员还发现，父亲对女孩子的影响力要大于对男孩子的影响力，与父亲亲密相处的女儿数学成绩更佳。一个智慧型的父亲，能用自己的智慧启发孩子的终生。

让孩子情绪更稳定

美国的一项考察显示：即便是尚处于懵懂状态的婴儿，也会由于缺少父爱而涌现烦躁不安、食欲减退、抑郁易怒等"父爱缺乏综合征"的典型症状。缺乏父爱的孩子年纪越小，罹患综合征的危险性越大。在双亲均在但缺乏父爱的家庭中长大的孩子患"父爱缺乏综合征"的可能更大。少时患综合征的孩子，中学辍学率高2倍，犯法率高2倍，女孩长大后成为独身母亲的可能性高出3倍。在没有爸爸的家庭中，孩子的情感变化较剧烈，长大后较易激动，容易出现差错行为和反社会行为，缺乏自我把持力。

孩子重要的游戏搭档

随着宝宝一点点长大，他的独立性和生活处置能力逐渐增强，已不再满足于母亲所在的生活圈子。这时，父亲就会成为孩子重要的游戏伙伴，孩子会从中学到很多不同于母亲的交往方式。

如父亲会更多地通过游戏和孩子来往，而一旦游戏停止，父亲能很快转移情绪，这让孩子觉得非常新颖，也有利于孩子体会应该在什么时候抑制自己过多的情绪要求。所以，那些太过忙于工作的父亲，那些认为"照顾孩子与父亲无关"的父亲，那些埋怨没时间教孩子的父亲，请抽出些时间和孩子游戏吧。

带给孩子成就感

心理学研究证明，爸爸对孩子的影响是多方面的。有人比较了社会上有成就和无成就的人，发现人的成就大小与父子（父女）关系密切相关。有成就者普遍与爸爸的关系密切；成就较低者与爸爸的关系较疏远。孩子在学校的学习成绩、社会才能也与爸爸有关：和爸爸关系冷淡的孩子在数学和语言方面的成绩较低，在人际关系中容易缺乏安全感，常表现为焦急不安，不容易和别人友爱相处。

PART 02
立好规矩，
保护孩子人身安全

  当今社会，孩子在父母的精心保护下，生活环境一直是安逸且纯净的，若是没有培养孩子的危机意识，当危险发生时孩子便无法及时做出应对，犯罪分子可能会轻而易举地得手。因此，家长要提前给孩子做一些安全教育，培养孩子的安全意识，让孩子能保护自己并且在危急时刻进行自救。

遵守交通规则，出行安全很重要

由于孩子们的年龄比较小，对即将到来的一些伤害可能会毫无防备，比如交通事故。随着年龄的增长，树立安全意识也是孩子们必须逐步加强的一项工作。作为成年人，我们知道街道上疾驰而过的汽车可能带来的危险，但是孩子们对潜在的严重伤害甚至死亡却没有太多的概念，这就使得孩子们更容易遭受到伤害。因此，一定要给孩子立好出行的规矩，最大限度保证孩子的人身安全。

不在马路上追逐打闹

我国每年因交通事故造成中小学生及学前儿童伤亡的人数超过万人，从交通方式看，儿童在步行时发生交通事故导致死亡的人数占儿童交通事故死亡总数的45%。其中一部分由儿童打闹造成。

很多儿童在走路时很不"规矩"，主要表现在过马路时不走人行横道，随意性较大，有时甚至横穿马路；乱闯红灯，不按照交通信号灯的指示走路；在马路上追逐嬉戏，全然不顾周边疾驰的机动车，等等。

放学后，孩子们结伴回家或出去玩的机会增多，由于儿童贪玩的天性，而且缺乏安全意识，不懂交通规则，嬉戏追逐打闹难免发生，这种情况特别危险。

儿童在路上追逐打闹时家长一定要阻止，告诉孩子在路上打闹的危害。教育儿童在路上不要追逐打闹，可以聊天，但是绝对不可以你追我赶，甚至在马路上玩游戏。家长还要提醒孩子，如果看到对面有同学正在横穿马路，千万不要叫他的名字，因为他很有可能因为突然听到有人叫他而东张西望，忘记自己正在横穿马路，这样更危险。

儿童在马路上打闹，极易被疾行的电动车甚至机动车撞伤。同时，一些孩子在过马路时，提前观察的意识较差，也容易引发安全问题。

很多孩子会说，走路有什么常识可言，其实不然，走路有很多学问和常识，必须充分加以认识和运用，才能够有效地保护自己。

首先要有交通安全意识。外出走路随时都会遇到威胁自己生命安全的复杂情况，因此要集中注意力，注意不要撞着别人，也要防止别人撞到自己，做到安全行路。走路时不可低头看书看手机；遇风、雪、雨或烈日天气，不要将衣物、雨具挡住行走视线；遇大风刮起灰尘，不要突然横过公路抢上风；冰雪天气，不要在马路上堆雪人、滚雪球、打雪仗、滑冰等；不要在公路上滑旱冰、做游戏、追逐打闹等。上述不良行为极易引发交通事故。

其次要规范自己的走路行为。在城市街道，走路必须走人行道；在农村，公路必须靠路边行走。横过街道必须走人行横道、过街天桥或地下通道。这样可以避免与车辆发生碰撞。

第三，要有良好的行路心态。在城市横过街道确实叫人胆战心惊，南来北往的各种车辆往往让人进退两难。这时不要慌张，做到"宁停三分，不抢一秒"。过马路时要先左

看看右看看，无来往车辆时再通过。切忌过马路时犹豫不决，停停走走、跑向路中又回头或者盲目突然横穿。

大多数孩子自制力较差、自我保护意识较差，抱有侥幸心理。家长、学校都有责任培养孩子的交通安全意识，在生活、学习中让孩子认识和了解各种交通标志，传授交通安全常识；与孩子一起出行时，带头遵守交通安全法律法规，做到言传身教。

儿童在马路上应注意以下几点：

1.走路要走人行道，没有人行道的，必须靠路边行走。

2.横过马路要走人行横道、过街天桥或地下通道。

3.遵守交通信号，红灯停，绿灯行。

4.不钻（跨）交通隔离设施。

5.不在汽车临近时或车辆前后横穿马路，不在道路上扒车、追车、强行拦车或抛物击车。

6.不在马路上追逐猛跑、嬉戏、打闹、做游戏，不要边走路边看书。

7.夜间步行要尽量选择穿戴浅颜色的衣，并和在有路灯的地方横过马路。

安全乘坐私家车

每年全国都有孩子因为私家车事故而致残疾或者丧生的事件发生，且数字惊人。可见，小孩子坐私家车还是存在很大的风险，这就需要家长随时警惕，做好安全工作。

家长不能抱儿童坐副驾驶座位

家长不能抱着0~3岁的小孩子坐副驾驶座位，在后座也尽量不要抱着孩子坐。因为行车途中可能会发生很多紧急情况，比如急刹车，家长抱着孩子的危险性很大。如果汽车在时速50千米的情况下发生碰撞，在惯性的作用下将产生30G的冲击力。体重为10公斤的孩子此时会产生将近300千克的力量，相当于4~6个成年人的体重总和，在此情况下，任何人都无法抱住怀里的孩子。

同时更不能让孩子单独坐副驾驶座位，幼小的孩子坐在副驾驶座上是非常危险的。12岁以前，儿童只能坐在后排。一定要学会正确使用安全座椅、安全带等装备，每一次乘车都要严格使用。

叮嘱孩子不要在停车场玩耍和奔跑

停车场是个非常危险的地方，身材尚小的孩子们很容易被驾驶员忽视，因此也最容易出事。在停车场里，看似汽车没有在动，其实里面很有可能有人在发动汽车；看似有些汽车开得很慢，但是由于视野盲区的存在，司机很难第一时间发现在汽车周围玩耍的孩子。所以，家长一定要告诉孩子不能在停车场玩耍。

此外，每到炎热的夏天，有些家长贪凉快，会带孩子在地下停车场的进出口附近玩耍，这样也很危险。汽车从停车场上坡出来的时候，速度往往会比较快，孩子如果自己在出口处玩耍，被撞的可能性很大。所以也禁止孩子在停车场的进出口玩耍。

教会孩子在停车场要注意观察汽车

孩子可能会认为，只要我能看到车子，司机也能看到我，但因为汽车四周是不透明的，司机只能透过玻璃看到外部，那仅仅只是很小的视野范围，沿着汽车周围一圈几乎都是盲区，所以司机很难在车上看到矮小的孩子。如果在停车场走动时，要让孩子主动观察周围的汽车，如果车里有司机准备发动汽车，那就要远离那辆车。

告诫孩子不要把汽车当玩具

有些好动的孩子有可能因拉开车门窗而发生意外，因此家长要让孩子充分了解汽车的各种功能和配置，随时提醒孩子注意。不要把汽车当成玩具，也尽量不在车内吃东西。车辆行驶中要端坐，不要嬉戏打闹。孩子在行驶的车内吃东西是相当危险的，特别是一些果冻、冰糕、坚果之类的食品，无论是刹车还是颠簸摇晃，都可能噎到孩子，严重的可能会导致窒息。

让孩子坐自己的专座——安全座椅

安全座椅是一种系于汽车座位上的座椅，是仅供小童乘坐并能在发生车祸时束缚着儿童以保障儿童安全的座椅。安全座椅要保证当孩子在各个方向受冲击时，孩子身体能稳稳地留在座椅内，身体各部位不会抛离或滑出座椅。安全座椅的作用不可忽视，关键时刻能救命。

如果孩子从出生就使用儿童安全座椅，一般来说会比较容易习惯。当孩子长大一些，也会因为在后排座位的安全座椅上看不到窗外，或是没有爸爸妈妈陪伴而哭闹，这时候可以给孩子准备一个喜欢的玩具、一瓶水或奶，都是安慰他的好办法。如果路途比较远，可以每隔一段休息一会儿，也和孩子亲热一下，减缓他的烦躁。出行时乘坐安全座椅，给孩子人身安全多一分保障。

让孩子了解汽车灯语的含义

明白汽车灯光信号所代表的含义，这一点很重要。看懂灯语，可以让孩子在看到汽车前进、停止、倒车、左右转弯、紧急停靠等信号时，了解汽车的行驶状态，保证自己的安全。

文明乘坐公交车

公交车是我们常见的交通工具，就算家里有私家车，有时也还是会乘坐公交车。乘坐公交车要讲文明，注意个人行为。

文明乘车10准则：

1.上车时有秩序地排队，在有效彰显城市文明的同时，也能提高乘车速度。乘坐公交车须在站点或指定的地点候车，等车靠边停稳后，依秩序上下，以免踩伤或为小偷作案提供条件。不要在公交站以外的其他地方等候及拦车。

2.不要在公交车上乱刻乱画或损毁公交设施。不要把汽油、爆竹等易燃易爆的危险品带入车内，易燃易爆物品容易在挤压、碰撞或车辆震动过程中燃烧或爆炸，严重危及大家的生命财产安全。

3.在公交车上将垃圾丢进车内的垃圾桶，维护舒适的乘车环境。

4.主动给老弱病残孕以及怀抱小孩的乘客让座。同时，人太多时，老年人应该谨慎乘车。

5.快到车站时应提前移步到车门附近，做好下车准备，提高下车速度。

6.不要挤在公交车内部的前面，尽量往后门走，方

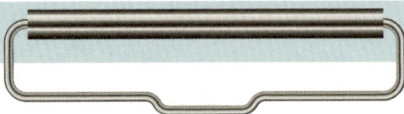

便自己下车和别人上车。不要在车未完全停稳时下车，下车时应注意观察道路的来往车辆。

7.注意良好的乘车姿势，方便自己和他人。在车厢内抓好扶手，避免打瞌睡，因为汽车在行驶中起步、刹车、加减速十分频繁，极易发生意外。

8.不要将头、手伸出窗外，以免受到伤害。也不要向车窗外乱扔杂物，以免伤及他人。

9.上车后不要抽烟，不吃带有果壳的食物，不吐痰，不乱扔杂物。咳嗽时应用手帕或纸巾遮住口鼻，感冒者应戴口罩。

10.尊重和理解驾乘人员，不要影响驾驶员的情绪和注意力，确保行车安全。不要从车前、车后突然走出或猛跑横穿马路，这样极易发生交通事故。应离车前、车后20米以上，能看清道路来往车辆，选择适当时机再横穿马路。

日常安全规则要记牢

孩子活泼好动，对很多事物都充满了好奇心，什么都想看一看、摸一摸。日常生活中往往会触碰很多危险而不自知，一旦发生伤害，不仅影响孩子的身体，还会影响其心理健康。

不在楼梯和走廊打闹玩耍

在儿童意外伤害中，坠楼事故常常发生，大多因家中未安装防护栏而从窗户或阳台坠下。还有些小孩坠楼事件，是家长将小孩独自留在家中酿成事故。

家长一定要为孩子的安全做足防护措施，在儿童活动较多的地方，最好安装防护栏。阳台、窗台等处不要堆放杂物或摆放椅子，以免儿童攀爬而发生意外。刚学会爬、走的小孩，最好不要离开家长的视线范围。小孩子比较敏感，离开家人会出现恐惧和急躁情绪，所以家长千万不要把小孩子一个人留在家中。万一外出，也要将窗户关牢，还要特别注意检查屋内设施，比如缝隙过大的阳台栏杆、没有防护的窗户、位于窗户边的桌子和床等要做好防护措施，以免发生不测。

学校走廊和楼梯安全须知：

1.人多拥挤的时候，不要因为赶时间而在楼梯道上拥挤奔跑，这样容易造成忙乱，极易发生危险。

2.在人多的地方一定要扶栏杆上下楼。

3.课间操结束后，整队上下楼时要与前方同学保持一定距离。

4.上下楼时不要将手放在兜里。

5.不要在拥挤的楼道内弯腰拾东西、系鞋带。

6.上下楼靠右行。

7.一定不要在楼梯内打闹。

8.上下楼时不逆向行走，不挤压楼梯防护栏，不用手扶防护栏上下，不能将身体紧靠在楼梯走廊的栏杆上。

不随便玩尖锐物品

父母看到孩子拿刀总会心惊胆战，孩子却没有危险意识，孩子只是觉得刀很好玩，能切东西。父母如果在这时警告孩子，孩子是不理解的，他不懂父母为什么不让他玩。面对这种情况，父母应该怎么做呢？

给孩子玩一些相对安全的刀具

有一些塑料刀子不是很锋利，可以拿给孩子玩，让他去探索，既伤不到孩子，也能满足孩子的好奇心。孩子总是对一些未知的事物感到好奇，如果父母一味地阻止孩子去做一些他认为很好玩的事情，效果不会很好。

父母在可控范围内，让孩子自己知道刀的危险

孩子如果不听劝，那么父母可以看着点孩子，如果孩子即将遭受的危险在自己可控范围内，那么孩子受伤后疼痛和现实会给孩子教训。有很多事情，孩子总是听父母说，孩子并不能深切体会，因为他没有经历过。让孩子经历一次比跟孩子说百次更有作用。

与小孩做好约定

比如说约定等到他多少岁了才可以使用刀，让他能抱有一点希望，耐心等待到可以使用刀的年龄。

收好危险刀具

低龄的孩子手部动作不熟练，稳定性也差，很难控制较重的刀具，因此家长一定要把危险刀具放在孩子拿不到的地方，不要让小孩随意进出厨房、工具房，不要接触尖锐刀具，不要玩弄工具盒，以免出现不可挽回的后果。为了促进小孩手部精细动作的发育，可以给孩子使用安全剪刀玩剪纸，但也必须在家长的监护下，不能大意。

一般刀伤的处理：

1. 将双手洗净，以清水清洁伤口。

2. 擦上消毒药水，如双氧水。太刺激的消毒或消炎药会伤害伤口的组织，所以要小心使用。

3. 盖上消毒纱布，包扎固定。

严重刀伤的紧急处理：

1. 压迫止血法：直接用纱布、手帕或毛巾按住伤口，再用力把伤口包扎起来。这样能暂时使出血速度降下来。

2. 止血点指压法：所谓止血点，就是在出血的伤口附近靠近心脏的动脉点，找到止血点用力按住，让由心脏流出的血液不能顺畅流向伤口，减少出血量。

3. 止血带止血法：严重的血流不止时，用布条、三角巾或绳子绑在止血点上，扎紧；每15分钟略松开一次，以避免组织坏死。最好在40分钟以内送医急救。

注意事项：

如果是很大的伤口，千万不能冲洗，先止血再用干净纱布覆盖，千万不要把血块用力撕掉，这样会造成二次创伤。

不能随便吃药

对于小朋友们来说，什么事情都是新鲜的、美好的。然而在生活中总会暗藏各种各样的危险，比如说看起来没什么特别，甚至尝起来甜甜的药片，误食之后，后果可能相当严重，甚至是致命的。

1.为了防止儿童误服药物，喂孩子吃药时不要骗孩子这是糖，应该告诉孩子药名与用途，否则较小的孩子很容易真的把药当作糖果食用。

2.不要当着孩子的面吃药，年龄小的孩子可能会模仿大人吃药。

3.定期清理过期药品。

4.如果孩子表现出无精打采、昏昏欲睡，不能排除误服安眠药等镇静药物，应该马上检查药物是否被孩子动过。

5.如果误服了一般性药物，且剂量较少，可以先翻翻说明书，算下是否超过了允许的最大量，实在拿不准的可以咨询医生。如果吃下的药物剂量大，或者没法确定剂量，应尽快送往医院。

6.到医院之前，最好能采取一些急救措施。比如误服了强碱药物，应立即服用柠檬汁、食醋、橘汁等。

7.去医院时要将错吃的药物或药瓶带上，以便医生了解情况。

不能随便碰电

随着生活水平的不断提高，生活中用电的地方越来越多了。因此，有必要让孩子掌握以下最基本的安全用电常识：

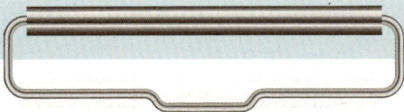

1.认识了解电源总开关，学会在紧急情况下关闭总电源。

2.不用手或导电物（如铁丝、钉子、别针等金属制品）去接触、探试电源插座内部。

3.不用湿手触摸电器，不用湿布擦拭电器。

4.电器使用完毕后应拔掉电源插头；插拔电源插头时不要用力拉拽电线，以防止电线的绝缘层受损造成触电；电线的绝缘皮剥落，要及时更换新线或者用绝缘胶布包好。

5.发现有人触电，要设法尽快关断电源，或者用干燥的木棍等将触电者与带电的电器分开，不要用手去直接救人；年龄小的同学遇到这种情况，应呼喊成年人相助，不要自己处理，以防触电。

6.不随意拆卸、安装电源线路、插座、插头等。哪怕安装灯泡等简单的事情，也要先关断电源，并在家长的指导下进行。

7.学会看安全用电标志。红色表示禁止、停止，遇到红色标志注意不要触摸；黄色表示注意危险，如"当心触电"等；蓝色表示指令、必须遵守的规定；绿色表示指示、安全状态、通行。

玩火不是乖孩子

一般5~12岁的孩子会想玩火，主要表现在学大人做"假烧饭"游戏，在床下或其他黑暗角落划火柴，模仿大人吸烟，在炉灶旁烤、烧食物，随意焚烧废纸、柴草；玩弄火柴、打火机及开关液化气炉具，在室外点火取暖，在可燃物附近燃放烟花爆竹，以及进入危险厂房、仓库内点火玩耍等，都极易起火成灾。

儿童消防要注意：

1.不要玩火，火柴、打火机不是玩具，不能随便玩。点蜡烛、点蚊香都可引起火灾，此类物品应该放到特定的位置，使用时应注意远离可燃物。

2.不要摆弄家里的电器、煤气、灶具开关等，家用电器、家用燃气都存在火灾危险性，应当在大人的监护下安全使用。

3.在无监护人或者其他成年人陪同看护时，不得单独燃放烟花爆竹，不得私自触碰家里存放的易燃易爆危险品。

4.要知道家里哪些地方容易发生火灾，遇到火灾时怎样报警。知道家庭及住宅楼发生火灾时疏散的途径。

5.在通过烟气弥漫的火场时，要弯着腰、弓着背，低姿势行进或匍匐爬行，不要深呼吸，要用湿毛巾蒙住口鼻。一旦身上着火，不要乱跑，要马上站住，就地躺下打滚，以压灭身上的火。困于火场时，要拨"119"电话向消防部门求救。

6.学会拨打119火警电话，但没事不能随便拨打119谎报火警。报警时要讲清楚着火的地点、现场情况，留下联系方式，并到路口迎接消防车，为其指引路线。

不玩热水

烫伤是孩子经常遇到的伤害，通常由炙热的液体（开水、滚烫的油、热汤）、发热的固体（热水袋、取暖器）、火焰等造成。

孩子尤其是1~3岁的幼儿，活泼好动，好奇心强，善于模仿，而又缺乏生活常识和自我保护意识，对危险认识不足，烫伤发生率最高。由于宝宝皮肤薄而娇嫩，接触到温度不是很高的热源也可导致烫伤，同等热力造成的损伤比成人要严重。

防烫伤

家长应该做好孩子的看护工作：

1.厨房用具、电热用品、火源要收好，电熨斗、烧水壶、烤箱、电饭煲、取暖器等用完后及时拔下插头，放在孩子不能触及的地方。

2.给孩子洗澡时，先放凉水，再放热水。

3.要教育孩子不要玩火、不摆弄电线，玩耍应远离厨房，不接触热的厨具、电器，不单独接触开水或热的食物。

烫伤后正确急救

烫伤后正确急救：

1.假如孩子不幸烫伤，急救最关键的第一步，是立刻用流动的冷水（自来水）冲洗烫伤部位，让引起烫伤的热量被带走，直到水停止后伤口不再疼痛为止。

值得注意的是，在烫伤创面上涂抹牙膏、锅底灰、菜油、酱油、红药水、紫药水等的做法，不仅对救治烫伤没有作用，还会遮盖创面，无法迅速确定创面的大小和深度，增加感染风险和医生处理创面的难度。建议不要在伤口上抹任何东西。

2.冲够时间后，可以轻轻地脱下烫伤处的衣服，避免衣服上的余热持续损伤，脱衣有困难时可用剪刀剪开衣服。如果衣物已经严重粘连，就需要轻轻地把患处周围的衣服剪开。千万不要硬脱，否则可能会将烫伤的表皮撕脱，造成再次损伤。

3.其后，用干净的纱布块或布料覆盖烫伤创面。如果烫伤皮肤已有水泡，请不要弄破水泡。

做好以上家庭急救措施后，接下来再把孩子送往医院进一步诊治。

警惕陌生人，保护好自己

幼儿好奇心强，对于一切新鲜事物都乐于去尝试，可是却缺乏正确的判断能力，所以家长要时常提醒孩子警惕陌生人，不被陌生人的谎言和诱惑所欺骗。

辨别成年人的可疑行为

有时家长为了吓唬孩子，用"陌生人很危险"的方式教育孩子，这种方式就等于屏蔽掉一切陌生人，但这显然是不现实的。其实教育孩子认清什么是可疑的行为，更能让孩子掌握保护自己的策略和技巧。父母要在日常生活中不停地提醒孩子，和孩子探讨这些情形，并让孩子熟知碰到下面这些情况应该采用的应对方式。

第一　有陌生人故意寻求孩子的帮助

"我需要你帮我找我的孩子，你可以帮我吗？"

"你帮我找我的小狗，好吗？"

对策：让孩子拒绝，并远离他们，找自己的家长。家长一定要向孩子强调，大人无论什么原因都没必要向一个小孩子求救。

第二　陌生人给孩子喜欢的礼物或糖果等物

"你想要吃糖吗？"

"我的车上有一个滑板，你要吗？"

"如果你坐在我的腿上和我一起看视频，我会给你我的一只小猫（我会让你抚摸我的猫）。"

对策：拒绝并远离他们。

告诉孩子，想吃什么、想玩什么要跟爸爸妈妈说，不能接受陌生人的东西，有很多危险。

第三　陌生人假装有紧急情况

"快点！你妈妈出事故了，我带你去医院。"

对策：此时一定要冷静，迅速找父母或其他家人问清楚情况。

第四 假装成警察等公务人员

"我是警察，这是我的徽章，你一定要跟我来。"

对策：直接拨打110报警电话，或者打电话告诉家长。

第五 伪装成父母的朋友

"我是你爸爸的一个老朋友。他让我过来看你，你能带我去你家吗？"

对策：记住他的脸部和衣着特征以及车牌号码，并到附近找人打电话跟父母联系，确定是否确有其人其事，如果父母确认没有此事，应该及时报警。

第六 让孩子保守"秘密"

对策：如果任何一个成年人要求你保持一个令人不安的秘密，完全可以把这件事和父母、家人、老师讨论。

第七 向孩子询问个人信息

"你家的地址是什么？如果你告诉我，我会送你一个玩具。"

"我需要你的电话号码，这样我可以和你的父母联系。"

对策：父母一定要告诫孩子，不要透露个人信息，如姓名、住址、电话号码、所在学校、家长姓名、银行卡号等。

不要给陌生的叔叔阿姨带路

对于陌生人的求助，孩子是该热诚相助，还是谨慎地拒绝呢？课本里、童话故事里，处处都在教育孩子们要善良，乐于助人，并且告诉他们帮助陌生人会得到好的回报，冷漠、自私的人会被惩罚。然而现实中，因为帮助陌生人而导致孩子受伤或者被拐卖的事件太多，未成年人最重要的责任是安全地长大，而不是帮助他人。

孩子拒绝陌生人并不是没礼貌

很多孩子知道应该拒绝，可是他们从小受到的礼貌教育告诉他们，应该对别人的求助热心对待。电视台曾经做过一次试验，陌生人对孩子说："我着急上厕所，借用一下你家厕所，好吗？"很多孩子虽然面露犹豫之色，但在对方的一再恳求下，还是本着"做个礼貌大方的好孩子"原则把陌生人领进了自家的大门。

其实，拒绝陌生人并不是不礼貌，而是为了保护自己。面对陌生人的求助，可以回答："对不起，您还是问问别的叔叔阿姨吧，妈妈说大人更能够帮助大人。"假如周围人不够多，也可以说"我去帮您叫别的大人过来"，或者"我马上到人多的地方去帮您找警察叔叔"。

不帮助陌生人不算没爱心

实际上，"向孩子求助"这件事本身就有问题。试想一下：如果你在一个陌生的城市问路，你是愿意向一个能够和你充分沟通交流的成年人求助呢，还是找个幼小的孩子来问？问路尚且如此，那些比问路更麻烦的事情难道不是更应该如此？想想看，在熙熙攘攘的都市中，那么多成年人，110电话又免费，居然有人特意向一个儿童求助，这事情是不是有些奇怪？除非是身处学校问某一间教室在哪儿，或者深山老林里受了伤难得有人经过，否则还真想不出有什么理由一定得让孩子帮忙。所以未成年人拒绝陌生人的求助，真可以说是理所应当的事情。因此，如果不认识的人让你帮忙，记住告诉他们："我还小，帮不了您，请您找大人帮忙吧。"如果陌生人纠缠你，可以大声呼喊引起路人的注意。

不要接受陌生人给的东西

有的时候，总有一些长得很和善的叔叔阿姨，要把好吃的东西给小朋友吃。其实有的陌生人给小朋友吃东西是有目的的，小朋友不懂得分辨，而且嘴巴又馋，很容易上他们的圈套。这些坏人很可能会在食物中放入一些药品，小朋友吃了这些食物之后就会呼呼大睡，坏人们就会趁机绑架。虽然我们不否认这个世界上好人还是比坏人多的，但是爸爸妈妈不在身边的时候，小朋友还是要小心，绝不能接受陌生人的东西，绝不要跟着陌生人走，即使感觉和他们一起很好玩，或者想出于善意去帮助他们。要知道，绑架案凶手经常以这样的话诱骗孩子 ——"你能帮我找一只小狗吗？它走丢了！""我的车里有只特别可爱的猫咪，你要看看吗？"

成年人不应该向孩子寻求帮助，更不能向孩子索取东西！如果有人要诱拐孩子上车，告诉孩子要大声尖叫并逃跑！

不做"小红帽"，保护家庭隐私

小红帽的故事家喻户晓，小女孩在去外婆家的路上遇到了"热心"的狼先生，在狼先生的建议下，贪玩的小女孩选择了另一条路。天真的孩子总是乐意分享自己的隐私，就像小红帽，她不仅告诉狼先生自己的外婆病了，而且还把外婆家的地址讲得清清楚楚。结果她不但给自己带来了灾难，也给外婆带去了危险。虽然故事的结尾是美好的，猎人救出了狼肚子里的小红帽与外婆，但是在现实生活中，危险一旦发生，伤害无法避免，所以我们必须防患于未然。这就要求孩子要学会拒绝陌生人，管住嘴巴，不要轻易泄露自己的隐私。好玩的和好吃的是所有小孩子都喜欢的，诱惑往往也来自这两个方面。抵制诱惑的最好办法，就是让孩子牢牢记住：不接受陌生人给的食物、玩具等，绝对不去陌生人提供的玩耍场所；对于陌生人想要问的很多信息，只有得到爸爸妈妈的许可才可以讲。

不能让别人碰自己的隐私部位

任何人没有经过他人的允许都不能随便触碰他人的隐私部位，身体只有自己有权利支配。要教孩子当有人想看他的隐私部位，有人主动暴露自己的隐私部位或者是让孩子去摸别人的私处时，他应该如何应对。

首先，不要害怕，不要惊慌失措。当上述任何一种情况发生时，如果对方对孩子说"不能告诉你的爸爸妈妈哦，这是个秘密"之类的话时，要让孩子知道，一定要明确拒绝对方，赶紧离开那个人，跑来告诉爸爸妈妈。平时这样的教导当然不一定可以彻底杜绝坏人对孩子的侵犯，但是会让孩子知道，他自己身体只有自己有支配权，要学会保护自己的身体，并且碰见侵犯时要态度坚决地保护自己、拒绝侵犯。

身体是属于自己的

"你的身体是属于你自己的。你的身体是隐私的，特别是性器官部分。没有任何人有权利看或摸你这部分的身体，乳房、阴部、肛门这些是非常隐私的部位，除非是爸爸妈妈为你洗澡的时候，或是医生为你检查的时候。"

不需要帮坏人保守秘密

"如果有人看过或碰过你身体的这部分，或是有人企图或要求这样做，你都一定要告诉父母。如果这样的事情发生了，我们绝对不会因此对你生气。我们会很高兴你把实情告诉我们，这是正确的选择。记住，无论是谁，如果他要求你保守这样的秘密，那肯定是错的，即使这个人是警察、你的老师、亲戚、护士或是医生。"

相信你的感觉

"你的身体是属于你的，我们相信你，也要求你相信自己的感觉，所以如果有人看你或是摸你的方式让你觉得很不舒服，我们希望你相信自己的判断，并选择离开他们。"

你也不能触碰其他人的隐私部位

"和别人不能碰你的隐私部位一样，你也不可以触碰别人的隐私部位，即使他/她要求你这么做。"

出门在外要小心

不走小巷、不落单、不凑热闹。如果被人跟踪，应该尽量选择去热闹、明亮的地方，如餐厅、商场等，寻求店员等工作人员的帮助，而不要直接回家。

不理会陌生人的搭讪，不轻易相信陌生人的话，不接受陌生人给予的食物。

教育孩子不要给陌生人开门。无论处于任何环境，需教导孩子时时保持警觉，但不要做过多的描述来恐吓孩子，使孩子心生恐惧，凡事畏缩。

牢记危急时刻的自救原则

孩子看到有人落水，不可自己去救

当发现有人溺水时，未成年人不要下水施救，这是很危险的，因为溺水者此时的求生意志非常强，会不顾一切地抓住任何可以抓住的东西，如果孩子下水了，就算会游泳，也有可能被拖下水，从而面临危险。

因此，如果孩子看到有人溺水，一定要冷静对待，首先要保证自己的安全，然后再想办法救人。可以尝试从下面三个步骤来救人：

首先，大声呼救，这样可能唤来大人救落水者，这样才能更好地施救。同时拨打报警电话求救。

其次，在没唤来大人的情况下，看看周围有无漂浮物，有的话就扔给溺水者。比如竹竿、木棍之类，也可以把两个空的矿泉水瓶装在一个塑料袋里，然后扔给溺水者，注意不要盲目扔，要提醒溺水者，以便其能抓到，这样溺水者的头部就不会沉下去。

最后，也就是没有漂浮物的情况下，也可以把多件衣服系成一根长绳一头绑到岸上固定的物体（栏杆、桥梁、树木等）上，另一头扔给溺水者，让其抓住，然后再用力把溺水者救起。

被困在电梯里，镇静求救

电梯在我们的日常生活和工作中已经变得随处可见，很多人每天也都有多次使用，而电梯故障困人事件也时有发生。那么，被困电梯时该怎么做呢?

首先要与外界联系

必须保持冷静，第一时间寻找电梯里面的应急灯，若没有应急灯，要迅速按下警铃，拨打应急电话，和电梯值班室或者电梯维修人员取得联系;如果这个方法行不通，我们就要大声呼救，若电梯外面有人，听到求救声音时，就会有人报警。在大声呼救也没人回应的情况下，我们还可以选择拿身上的硬物来敲响电梯，比如手机、女士穿的高跟鞋等，发出声响来引人注意。

千万别用手去扒电梯门

用手去扒电梯门会有一定的危险，在即将关门的最后一秒内，自动防夹装置会失效。手强制伸进去，在末端会把手夹伤。需要提醒的是:电梯门的自动开门装置分两种，一个是光幕式的，一个是机器出板式的，并非所有的位置都有感应。

电梯一般不会自由落体到地面

紧急情况下，电梯会启动安全制动装置，而此时电梯就会进入"紧急刹车"的状态。电梯有限速器和安全钳，这也就是为什么在一些电梯事故里，很少看到电梯直接坠落到地面。所以，即使遇到电梯异常下降的情况，也不必过于惊慌。站到电梯把手处，用自己的双手紧握把手，固定好身体，防止在电梯震动时因为没站稳而受伤。

记住急救口诀：

· 电梯突停莫害怕，电话急救门拍打。
· 配合救援要听话，层层按键快按下。
· 头背紧贴电梯壁，手抱脖颈半蹲下。

孩子还需要注意的是，乘坐电梯时，一定改掉这些坏习惯：

· 电梯门正在关闭时，用手、脚等阻止关门；
· 反复按按钮或者每层都按；
· 在电梯里使用明火；
· 电梯门没开就用手扒门；
· 超重使用电梯；
· 在电梯里打闹、跳动；
· 在扶梯上逆行、攀爬；
· 把孩子放入推车、购物车中乘扶梯；
· 扶梯停止运行期间当楼梯使用；
· 在扶梯进出口处长时间逗留；
· 乘坐电梯时一直看手机。

房子着火了，该怎么跑出去

做好火灾逃生的基本要求是沉着冷静，充分利用建筑内的各种消防设施，遵循正确的逃生路线，运用有效的逃生或避难方法。正确逃生方法是在听到火灾警报或"着火啦"的喊声后，不要迟疑，立即起床、穿衣或拿好衣服、钱物，关闭电源，跑出房间，关好门后进入走廊，奔向楼梯间向下层疏散。如有广播，应仔细倾听，遵循广播指引的疏散路线和注意事项。当无广播或无人员指引疏散时，首先应选择距离近而直通楼外地面的安全通道疏散，因为逃到着火建筑物之外的地面最为安全。如打开房门发现走廊或楼梯间有烟气流动时，最好返回洗漱间将衣服、毛巾淋水浸湿，掩住口鼻，以低姿势循安全通道逃生。除了正常的疏散通道外，一层的门、窗、阳台等处也是大可利用的安全出口。

对于未能逃离火场的人员，要选择阳台、平台、窗口、外墙的凸出部位等容易被人发现的位置和能够避开烟火侵害的部位以及消防队便于救助的位置暂避和等待，以喊话、招手、打开手电筒等方式吸引消防队人员救助。

学会逃生的自我保护的基本方法是保证自我逃生安全的重要组成部分。如在逃生中因中毒、撞伤等对身体造成伤害，不但贻误逃生行动，还有遗留后患甚至危及生命的危险。

火场上烟气都具有较高的温度，所以安全通道的上方有毒气体的浓度都大于下部，尤其贴近地面处最低。疏散中穿过烟气弥漫区域时以低姿行进为好，例如弯腰、蹲姿、爬姿等。剧烈的运动可增大肺活量，当采取猛跑方式通过烟雾区时，不但会增大烟气等毒性气体的吸入量，而且容易发生由于视线不清所致的碰撞、跌倒等事故。

当必须通过烟火封锁区域时，应用水将全身淋湿，用湿布、衣服、湿毛巾或手帕掩口鼻，或在喷雾水枪的掩护下迅速穿过。

在逃生中乱跑乱窜、大喊大叫，不但会消耗大量体力，吸入更多的烟气，还会妨碍别人的正常疏散和诱导发生混乱。尤其是前呼后拥的混乱状态出现时，绝不能贸然加入，这是逃生过程中的大忌，也是扩大伤亡的缘由。此时，宜另辟蹊径或按照其他方式进行逃生。

房间内的床下、桌下、洗漱间和无任何消防设施保护的走廊、楼梯间、电梯间等部位，均不能作为避难场所，即使暂时看不到火焰，烟气的熏蒸也可使人昏迷致死。跳楼、固守不动、消极等待都是火灾中不可取而应绝对禁止的行为。

另外，在逃生过程中及时关闭防火门、防火卷帘门等防火分隔物，启动排风和排烟系统，都极有利于逃生疏散，应注意利用。

在烟气弥漫能见度极差的环境中逃生疏散，应低姿细心搜寻安全疏散指示标志和安全门的闪光标志，按其指引的方向稳妥前进，切忌只顾低头乱跑或盲目跟从别人。起火时千万不可乘坐电梯逃生，因为电梯井直通大楼各层，烟、热、火容易涌入，烟与火的毒性或熏烤可危及人的生命，而且在高温下，电梯会失控甚至变形，乘客被困在里面，生命安全得不到保证。

PART 03
立好规矩，
让孩子养成良好的生活习惯

我们都希望孩子从小能养成良好的生活习惯，包括良好的卫生、饮食、起居等习惯。要让孩子养成良好的生活习惯，首先就要有科学、合理的生活制度。因此，我们作为家长，一定要为孩子定下规矩，如什么时候起床、睡觉、吃饭、游戏、看电视等，大体上都有个规定，使孩子"有章可循"。良好的生活习惯是在长期生活中逐步形成的，因此家长不能操之过急，要讲究科学性。要从实际出发，对孩子提出合理的要求，从而培养孩子良好的生活习惯。

家庭第一守则——尊老爱幼

尊老爱幼是中华民族的传统美德。孟子说过："老吾老，以及人之老，幼吾幼，以及人之幼。"意思是，"敬重自己的长辈，进而推广到敬重别人的长辈；关爱自己的子女，进而推广到关爱别人的儿女"。

尊老爱幼是人类敬重自己的表现，每个人都有自己的儿童时代，每个人也都有老的一天。在老年时需要人扶助，正如在年幼时需要人照管。当年岁大了，无人加以细心的扶助，必不能得到安闲；幼小时，无人加以慈爱的照管，必容易趋于坠落。若讲人道主义，须先对老幼施行亲切的爱护。

现在的孩子从小饱受宠爱，尤其是很多独生子女，爷爷奶奶、外公外婆对其往往有求必应，长此以往，有很多孩子觉得这都是理所当然，对老人呼来喝去，稍不顺意就大吵大闹，甚至对老人拳打脚踢，根本不把老人放在眼里。还有一些孩子年龄大一点又有弟弟妹妹，出现很大的心理落差，比如原来自己一人享受的玩具、爸爸妈妈的爱等，现在都要和弟弟妹妹共享，如果家长没有及时引导，孩子会很容易敌视自己的弟弟妹妹。所以，无论是尊老，还是爱幼，都需要家长来积极引导，制定好规则，设好底线，让孩子有据可循，不会无所适从。

家长想让自家孩子养成尊老爱幼的好习惯，可从以下几个方面来引导。

家长要为孩子做好榜样

孩子的观念和行为都会深受家长的影响。家长自己首先要尊重老人，关心孩子和弱小群体，给孩子树立正确的行为榜样。

日常的招呼、节日的问候、平时待人温和、给老人孕妇让座、不与更小的孩子争抢等，这些行为可以从日常生活中渗透，家长也需以身作则，让孩子在潜移默化中养成良好的行为习惯。

培养同理心，抓住时机对孩子进行教育

直接告诉孩子应该尊重老人、关爱幼儿的道理，让他们明白为人处世的基本道德要求。这需要家长耐心细致地教导，让孩子真正理解老幼的困难，发自内心地去爱护他们。

比如在公车遇到一位拿拐杖的老人，要让孩子知道他们行动很不方便，让孩子真心地因为爱护他们而让座，而非因博得成人的表扬而让座。生活中多给孩子讲老幼的难处，教孩子观察老幼的行为，让孩子的感受更真切。

比如家长在带孩子出去玩滑梯的时候，看到有些比他小的宝宝，可以悄悄地提醒他，那边有个小弟弟或小妹妹，他们还小，身体没有大孩子发育得好，玩的时候要注意点，不要碰到他们。

孩子听得多了，再大一点的时候，不用家长告知，就知道主动避让小朋友了，有时候还会主动去关心他们，带他们玩。可见，直接的教育还是很有效果的。怕就怕有些家长陪孩子出去玩，哪怕孩子欺负其他小朋友或者骂人，他们都不管。

家长也可以通过阅读和故事，让孩子了解老人、幼儿等弱势群体所面临的困难，培养他们的同理心与同情心，这样更容易培养出尊老爱幼的情操。

给孩子提供实践的机会，及时表扬与奖励

创造机会让孩子去帮助老人与小朋友，如上门问候老人、帮

忙照料幼儿，实践可以产生很深的教育作用。比如爷爷奶奶做饭时，帮忙递餐具；累了，帮忙捶捶背；渴了，递杯水等；弟弟妹妹哭了，帮忙递玩具、唱歌哄哄，或者逗他们笑等。

当孩子表现出尊老爱幼的行为时，家长要及时给予表扬和鼓励，并适当给予奖励，这可以强化孩子的正向行为。

孩子的日常行为中，有哪些是不尊重老幼的表现，家长可以用清单的形式先记录下来。孩子再犯的时候，家长要让孩子知道这种行为是不好的。因为孩子还不懂事，只会觉得这样的行为很好玩，而不知道对错与否。此时家长再把正确的做法告诉孩子，这点很重要，因为孩子可能没有自动纠错的能力，需要家长引导。比如，孩子对老人说话不客气，我们可以把正确的说话语气示范给孩子，并告诉孩子这样可能会更受欢迎。

培养孩子学会尊老爱幼需要家长在知识教育、情感培养、行为践行等多个方面付出耐心和努力。只有理论教导是远远不够的，需要运用各种方式来影响和感染孩子，最终使这些观念和行为内化为他们的一种习惯与性格。

出门、回家要打招呼，习惯成自然

离开家门告诉家人，是对家人的一种尊重，不要觉得出门说一句是多余。在孩子出去玩的时候，一定要提醒他：将目的地告诉家长。这是对家长的尊重，也是对自己的负责。《弟子规》中"出必告，反必面"说的就是这个意思：出门时要告诉家中长辈自己要去何处，以免家中长辈牵挂；返回家后要向家人报告自己已经平安归来，多谢家中长辈对自己的挂念。

我的一个同事小吴曾经给我讲过她自己的亲身经历。

小吴出身农村，上学的时候农村条件都不太好，路还是泥泞路，厕所也是修在路边的，挖个坑，四面围起来的那种。高一的时候小吴放假在家，有一天下雨了，小吴跟妈妈说她要出去上厕所，其实厕所与家门口也就十来米的距离。但是她上完厕所后突然想起来那天是中考结束的时间，正好妹妹也参加中考，她就想着去大路边等等妹妹。家里离大路口也就两三百米，小吴就直接出去了，根本没回家跟妈妈说一声。

结果当天小吴在马路边等了一个多小时，并没有看到妹妹回来，她就回家了。然而妈妈并不在家，此时小吴还不知道发生了什么，她以为妈妈只是出去了。要知道，当年还没有手机，也没法立刻联系到。小吴就在家继续待着。

小吴妈妈很久才回来，看到她就劈头盖脸臭骂一顿，责问她为什么出去这么久。妈妈还去周围所有的厕所找了一遍，又去村里同学家每家都找了一遍。妈妈的担心让她羞愧不已。

小吴说这件事对她的触动很大，之后无论她去哪里，都要跟妈妈说清楚，还要说清楚大概多久回来。现在小吴也有了自己的孩子，也总是叮嘱孩子，只要出门，一定要告诉家长自己要去哪里。尽管现在手机、网络都很普及，尽管到处有监控，但还是不能大意。

家长一定要告诉孩子：出门的时候要告知家长自己去什么地方。如此，不仅可以让孩子知道家长一直在关心他，更可以让孩子成为懂得负责的人，对自己负责、对家长负责、对自己的家负责。

孩子年龄小，贪玩，只要有人叫，就会出去。小时候可能还会由家长陪着，可是一旦上了小学中学，孩子的自主能力强了，做事就容易我行我素，比如出门也不跟家长说一声。出门时告诉家长，他们就会知道孩子究竟去哪儿了、在跟谁一起玩。这样，如果孩子没有在规定的时间里回家，家长就可以去找。反之，家长只能是两眼一抹黑，无从下手找了。不出事还好，一旦遇到问题怎么办？所以一定要将事情的严重性告诉孩子，让他们懂得道理，才不会抵触。

出门时，家人要相互告知彼此要去什么地方，上学要打声招呼；回来时，要对家人说一句"我回来了"。这也是家庭中一种非常重要而温馨的礼仪。

吃饭礼仪要遵守

现在的孩子并不缺少理想抱负，而是缺少养成教育。很多家长觉得，孩子只要能考出好成绩就行了，至于其他的习惯都是"树大自然直"。对于一些家庭教育的问题，家长总是觉得孩子长大就明白了，没有察觉到孩子从小已经养成了怎样的生活习惯。过去，家里孩子多，每次吃饭，家长都免不了强调：等家人都坐齐了再动筷子，吃饭时不能发出声音，不能挑食，更不能在盘子里乱翻……如今，不少家庭都是独生子女，全家人的希望全都寄托在一个孩子身上，于是中国传统的家庭教育就慢慢被遗弃了。

尽量让小孩子坐着吃饭

在很多家庭，让年龄小的孩子吃饭可谓是一件大难事。很多家长甚至都不愿意想象这些场景：有的孩子不肯好好坐在餐桌前，不是动来动去，就是满屋子乱跑，家长不得不拿着碗在后面追，趁着他玩的间隙喂他一口；有的孩子这也不吃那也不吃，家长哄着才吃两口；还有的孩子不按时吃饭，想吃了才吃，总是错过正常的饭点。

面对这些难题，很多家长在无奈之中只有两个选择：一个是对孩子妥协，任由他去；另一个则是强迫孩子吃饭。可前者的妥协换来的可能只是孩子越发不愿意好好吃饭，越发任性妄为；而后者的强迫，却可能又会让孩子变得害怕吃饭，甚至对吃饭产生抗拒心理。

吃饭是人生存的基本条件，一日三餐也是人体正常的生理规律。虽然吃东西也算是孩子的本能，可是也许之前他一直吃奶，或者在婴幼儿时期并不是真正的三餐而是好几餐，所以孩子似乎很难在一开始就养成很好的吃饭习惯。

孩子不好好吃饭，我们会担心他营养跟不上，同时也对他的不听话感到生气，甚至是愤怒，进而大吼大叫，最终每次吃饭都会是一场"战争"。其实对于这件事，如果我们找对了路子，就能顺利解决，所以我们不妨用给孩子吃饭这件事立点规矩。当然，立规矩很重要，不过规矩之外的方面也很重要。

营造轻松的用餐氛围

其实对于孩子来说，吃饭也是一件幸福的事情，吃到好吃的东西他也会很开心。而且，以前孩子吃饭都是妈妈一个人拿着奶瓶或小碗就解决了，但是全家人的一日三餐是要好好地坐在桌子前面的，这在他看来也是一种新鲜的体验。所以，我们不妨给孩子营造一个轻松愉快的用餐氛围，让他爱上吃饭。

最好给孩子准备合适的椅子、碗筷，在饭桌上不要对他有过多的催促与指责。最开始孩子可能会玩心比较重，那么暂时也先不要管他，任由他自己玩着吃。不要担心得过多，我们轻松，孩子自然也会轻松。

允许孩子自己决定想要吃什么

我们总是担心孩子会偏食或者营养不全面，其实没那么夸张。孩子自己是有一定判断能力的，有时候他不想吃的东西就是他不需要的东西，他知道自己该吃什么。既然如此，就不要担心他吃什么不吃什么了，只要准备充分，就可以适当地把选择权交给孩子。

当然，哪些食物可以出现在餐桌上，这是需要我们来决定的。食物的种类要足够丰富，肉类和蔬菜最好搭配着出现，但是不要长期出现某一种食物，多换换花样，会让孩子对吃饭不那么厌烦。在食物安排上，应该尽量做到"高碳低脂"，但是对100%是碳水化合物的糖却要有所限制。不要按照孩子的意见来准备食物，因为他可能只会选择自己爱吃的东西，可以试着把食物做成可爱、奇怪的样子，在色香味俱全的情况下，孩子也会更愿意吃。

不要追着孩子喂

追着孩子喂饭是很多家庭中经常上演的戏码，我们理直气壮地认为："如果不追着喂，他就不会吃，到时候饿着怎么办？"孩子是不会饿着的，如果他不愿意吃，那就是他还不需要，等他饿了，他自然会想要吃。而且要吃多少孩子自己也会心里有数，如果他放下碗筷不吃了，那就意味着他饱了，没必要追着他喂。

明确每天的用餐时间和用餐规则

越是规律的用餐时间，越能帮孩子养成良好的用餐习惯，那么每天的吃饭也就会变得轻松。孩子和成年人的用餐规律不一样，所以不要一上来就强制他一天只能吃三顿，可以给他一天安排三次正餐、两次加餐，这样就能保证他每天都能吃饱，即便有一顿没吃或者没吃饱，也没有太大关系。

固定的用餐时间会让孩子知道，这个时候就应该是吃饭的时间了，这会让他慢慢养成好习惯。除了用餐时间，一些吃饭时要遵守的规矩也要慢慢教给孩子，比如：吃饭时不能同时看电视或者看书、玩玩具；吃饭时就要坐在餐桌前，不能四处乱跑；吃饭时不能高声谈笑或者大笑大闹；等等。

有的妈妈觉得这些规矩孩子很难遵守，单就好好坐在桌前这一项就很难。这时可以用一句有智慧的叮嘱："还吃吗？如果吃就坐好；如果不吃了，我就会收走你的碗和勺子，这顿饭就算你吃完了。你自己选吧。"这样一来，就能很好地阻止孩子四处乱跑。

尽量等家人坐齐了再吃饭

某天跟一个朋友喝下午茶，无意中聊到了吃饭礼节的问题，发现我俩在某一个问题上观点一致，那就是讨厌吃饭不懂规矩的人。

朋友说："前段时间，我们非常喜欢的一位大学老师过寿，几个同学约好了一起给老师庆祝。到了约定的时间，我们把老师接到了餐厅。大家原本都很兴奋，可一个细节却让我感到很难受。

一个同学带着孩子去了。带一个小孩子无可厚非，可是大家坐好后，服务员刚把菜端上来，还没等我们老师动筷，这个孩子就站到椅子上，趴在桌子上开始夹菜吃。本来我们都不会跟孩子一般见识，可是我们那同学不仅没有制止孩子的行为，还从各个盘子都夹了一些放在碗里，端给孩子，还一个劲儿地说："我儿子爱吃这些！"

我点点头："是有些不合规矩。"

朋友好像对那天发生的事还是耿耿于怀，撇撇嘴说："我们都盯着这对父子，好像几百年都没吃饭一样。再说，这里还坐着老师呢，咱们是给人家祝寿，人家老寿星还没动筷子呢……"

…… ……

我总在想，这些到底是孩子的问题，还是大人的问题？很庆幸，在这一点上，我做得还比较好。最起码，我的孩子知道老人在桌上时，要让他们先动筷子。虽然说一家人在一起不用强求，但该懂的礼仪还是要懂的，否则一旦养成了习惯，孩子根本就改不过来。如果出去参加聚会之类的，不就很容易出问题了？

聚会的时候，大家都在一起吃喝玩乐，也是教育孩子的一个好时机，发现了孩子的问题，要给孩子及时指出，对孩子一生的教育都会大有裨益。

关于餐桌礼仪，我们还可以找些资料来让孩子看，比如图书、视频等。通过直观的引导和教育，孩子就很容易掌握了。

饭桌上不要翻遍所有盘子

饭桌上，我们经常看到很多孩子旁若无人地拿筷子在盘子中挑挑拣拣，翻遍所有的盘子，也不知道他到底要吃什么。用筷子在盘子里翻找，对身边的人熟视无睹，是一种没有素质、没有教养的表现，如果自己的孩子确实存在这个问题，一定要尽快给他立个规矩，帮他纠正过来。关于吃饭，规矩有很多，但很多人都会忽略这一点基本要求——不要乱翻盘子！

从一个孩子对饭食的态度，完全可以看出他的教养。比如：吃饭时喜欢将筷子或勺子含在嘴里、看到自己喜欢吃的就狼吞虎咽、把自己喜欢吃的东西揽在自己跟前、用一根筷子去插盘子里的菜……这样的孩子，家教一般都不太好。

正确的吃饭习惯应该是：夹菜的时候，一定要等菜转到自己面前时再动筷子；一次夹菜不能太多，不能刚将一种菜放在自己的盘子中就立刻夹另一道菜；更不能将自己已经夹出来的菜放回菜盘，再伸筷去夹另一道菜；夹菜时，如果不小心掉了一些在饭桌上，一定不能把菜再放回菜盘；遇到邻座的人，夹菜时一定要懂得避让，避免筷子打架。

吃饭时随便乱翻盘子中的菜，无非就是为了找自己喜欢吃的，可是既然菜是大家的，你将自己喜欢吃的都夹到了自己跟前，其他人怎么吃？这种情况如果发生在家里，可能家长会由于疼爱而什么都不做，但如果是一群人聚餐呢？其他人都在慢条斯理地吃，而你的孩子却风卷残云般从菜盘中抢夺食物，丢的到底是谁的脸？

从周代开始，饮食礼仪就已经是一套相当完善的制度。"餐饮之礼"并不是虚无缥缈，而是"有章可循"的。那么，在餐桌上，该遵守哪些规矩呢？

其实很简单，比如：在家庭日常就餐、公共场所用餐、社会交往聚餐等场合，要讲究卫生、爱惜粮食、节俭用餐、食相文雅。即使是孩子，也要知道大致的礼仪：吃饭时不能吵闹，不独占食物、不能咂嘴、不能口含食物说话；在学校食堂用餐后，要主动整理餐具……

孩子们很多坏习惯并不是自己不愿改，而是他们根本就没有意识到自己做错了。家长不说、不批评、不重视，孩子自然也就无从改正。因此，要想让孩子养成正确的餐饮习惯，首先家人要达成一致，然后再想办法相互配合去纠正孩子的坏习惯。

在纠正孩子的同时，要对孩子的改变及时做出反馈。工作中，如果做得好，公司会有奖励；反之，则会有小小的惩戒。相信关于奖惩的作用，大家都知道，在这里我们就不再强调了。同样，我们也要针对孩子的用餐行为进行合理的奖惩。如果孩子做得对，就表扬；做错了，就要批评。家长指出孩子存在的问题后，一旦发现他们有所改正，可以及时表扬或者奖励，无论是口头夸奖还是物质奖励，这种对他们改正错误的肯定是孩子内心特别需要的。换句话说，孩子都希望自己的言行得到家长的肯定，而奖励则是肯定的一种表现形式。因此，在引导孩子树立正确的饮食意识的时候，家长不妨将奖惩结合起来。看到孩子有了改正，多表扬；看到孩子犯了错误，就批评。这样，孩子才会进步快一些。

时间到了，按时睡

睡觉对人体有很大的作用，第一是消除身体疲劳，第二是消除精神疲劳。另有一种观点认为，睡眠的主要功能是缓解大脑的疲劳。人的一生中，将近1/3的时间是用于睡觉的。刚出生的婴儿几乎每天要睡20个小时；即使成年后，每天至少也要睡7小时。因此，良好的睡眠作息至关重要。

教幼小的孩子学会自己睡觉

当孩子还处于婴儿时期时，由于受大脑控制的睡眠模式还没有完全成熟，他并不清楚白天和夜晚的差异，所以不管是白天还是黑夜，婴儿都一样要吃奶、睡觉。不过随着婴儿的成长，他的睡眠模式就会慢慢改变，由原来的不分白天黑夜都长睡的状态，变成白天短睡、夜晚长睡的状态。等到婴儿成长到大约6个月时，他的睡眠模式就已经慢慢接近于成年人了。

孩子每次的睡眠也并不是"一气呵成"的。人的睡眠一般分为三个阶段：浅睡眠阶段、深度睡眠阶段和快速眼动期（做梦期）阶段。深度睡眠时，孩子的大脑处于安静状态，这时他会睡得特别熟。一般来说，孩子在刚入睡时会进入深度睡眠，此时的他也不容易被吵醒。在这之后，孩子的睡眠状态可能就会出现变化，由深度睡眠过渡到快速眼动期，而在快速眼动期结束后，孩子会短暂地清醒一下。这种交替变化在孩子的整个睡眠过程中一般会出现五六次。而我们需要注意的是，孩子在每次短暂清醒后是不是能再次睡着。

假如孩子每次醒来都会哭闹叫喊，需要有家长的安抚才能再次睡着，那么这就意味着他存在睡眠障碍。另外，假如孩子从清醒状态进入睡眠状态需要很长时间，也意味着他的睡眠是有问题的。

孩子出现这些问题的原因并不复杂，不规律的睡眠时间以及睡眠时间过长，都是造成睡眠障碍的常见原因。还有的孩子担心睡着后他所认识的白天的世界就会发生变化，他不想离开那个充满了乐趣的世界，所以就算硬撑他也不睡，就算是睡着了，他可能也会频繁地醒来，以确认他的世界还在，假如发现一点变化，他就会产生一种不安全感。

而有的孩子则会对家长的行为表现出怀疑，他会觉得家长会不会在他睡着之后还有什么其他的活动。这种思想会占据他的大脑，结果怀疑加上小小的对未知的兴奋，就会让他更加睡不着。另外，孩子醒了可能会哭闹，有的妈妈会立刻过来哄，但久而久之，这会让孩子获得这样一种信息："如果我哭闹，就会获得妈妈的关心照顾。"这样的习惯一旦形成，那么他的再次入睡也就变得困难了。

要让孩子安睡，需要给他安排恰当的睡眠时间，到了时间就要让孩子上床，并且提醒他上床的时间就是睡觉的时间。在孩子睡觉之前，可以花上十几分钟与他在一起，讲个小故事，唱首安静的歌曲，不要做很热闹激烈的小游戏，以免让他愈发兴奋起来。要保持温柔的态度，不要硬逼着孩子闭眼睡觉，否则他会对夜晚和与妈妈分开产生恐惧（即使跟孩子一起睡，如果硬是逼着孩子闭眼睛，他也会认为妈妈可能要与他分开）。

有的孩子不能适应自己躺在床上的状况，最开始可以先安抚，可以每隔一段时间安抚一次，然后逐渐延长安抚的间隔时间。此时不要给他一些安慰性的物品，也别抱他起来，只是简单地安慰几句就可以了。

人对于难以掌控的事物都会有一种恐惧感。在孩子看来，黑夜就是他摸不透的事物，所以他会排斥夜间自己独处一室睡觉这件事，也就不愿意让妈妈离开自己的房间，并希望获得妈妈的关注。不过，有的孩子是真的害怕，有的则是为了引起妈妈的注意。对于真的害怕的孩子，要帮他稳定心神，打开他屋子里的衣柜让他看看没有什么怪兽在作怪，同时也可以给他一个拥抱，告诉他爸妈爱他，并会一直保护他；而对于想要引起妈妈注意的孩子，就要先了解孩子到底怎么了，要找到他想要吸引人注意的根本原因，然后再给他以相应的帮助。

保证学龄期孩子的睡眠时间

俗话说"身体是革命的本钱"，作为家长，我们都希望孩子学习努力，但不能给孩子太大的学习压力，只有让孩子劳逸结合，孩子才能高效学习。而这就需要我们为孩子制定生活规矩，让孩子有个好的作息习惯。

最近，冲刺中考的小新总觉得自己时间不够，生怕自己考不好，不能进省重点高中，于是挑灯夜战，想抓紧最后一段时间多复习一些。可由于休息不够，小新精神萎靡，心神不定，上课也提不起精神，为此小新妈妈很担心。

生活中，不少孩子和小新一样，认为只有抓紧时间学习，尽可能地多学些东西，才能学习好，其实这是一种误解。因为人睡觉就是要自己的大脑休息，如果休息不好就达不到休息的目的，一整天都会觉得全身无力，提不起精神。

这里其实就是一个效率的问题。好比学一样东西，有人练10次就会了，而有人则需练100次。要提高学习效率，最重要的一条就是劳逸结合。学习效率的提高最需要的就是清醒敏捷的头脑，所以适当的休息、娱乐不仅仅是有好处的，更是必要的，是提高学习效率的基础。

牺牲休息时间学习，完全不顾自己的身体，这种做法有损身体健康，又没有效率，往往事与愿违。对此，作为家长，我们应该结合孩子的生理承受力，为孩子科学地安排作息时间。即使孩子学习紧张，也要劳逸结合，这才符合人的心理、生理规律。

而青春期的孩子正处于身体发育的阶段，保证充足的睡眠也是必须的。那么，我们如何定规矩，引导孩子养成早睡早起的习惯呢？

每天保证 8 小时睡眠

充足的睡眠、饱满的精神是提高学习效率的根本。我们要为孩子规定，中午坚持午睡，晚上不要熬夜，定时就寝，每天保证8小时睡眠。

家长也要尽量做到早睡早起

有必要的话，家长可以和孩子一起养成早睡早起的习惯，最好全家人都动员起来，以营造良好的环境、氛围来协助孩子调整好生物钟。只要生活有规律了，无论什么季节，孩子都能拥有健康、元气饱满的一天。

用饮食来协助调整睡眠

饮食也会影响睡眠，如果晚餐吃得过饱或摄取热量过高的食物，孩子可能会出现肠胃不适，或者精力过于充沛，这都会导致睡眠质量不好。如此恶性循环，不只对孩子的健康十分不利，对成人也一样，因此我们和孩子都要注重早餐吃好、午餐吃饱、晚餐吃少的原则。

告诉孩子要睡好午觉

我们不要忽视午觉的作用。在午餐和晚餐中间，一般人都会觉得头昏脑涨，思维迟缓，好像也不太能集中精神，这是人正常的生理反应。越来越多的证据显示，在经过半天的活动之后，有一股力量会驱使我们休息一下，同样，对于学习阶段的孩子来说，更应重视午觉的作用，让大脑得到休息，否则过度用脑会对大脑发育产生不利影响，也不利于下午的学习。

给孩子制定生活作息制度

给孩子制定一个生活作息制度，每天什么时间干什么，给孩子讲清楚，没有特殊情况不要变动，并且要持之以恒。不能一到周末就玩到深夜，早上全家人都赖在床上不起来，这样很难使孩子养成良好的睡眠习惯。持之以恒地遵守作息制度，时间长了，孩子会养成早睡早起的好习惯。当然，养成好习惯不是一天两天的事情，需要我们耐心引导，一定不能操之过急。

设置合理的电子产品使用时间

家长可以评估一下自家孩子每天使用电子产品的时间是否太长，孩子是否需要家长帮助确定合理的电子产品使用时间。

英国医学家协会的健康指南这样建议：

孩子出生至2周岁：建议不要让孩子接触电子产品。

2周岁至5周岁：每天最多1小时。

5周岁至18周岁：每天最多2小时。

实际上，现在的孩子每天接触电子产品的时间是很长的。如果孩子每次使用电子产品之后，在关掉电视、电脑或把平板电脑、手机收起来的那一刻，孩子很平静，那么孩子做得非常好，家长也做得非常好。如果孩子超出了上面建议的时间，而且每次在关掉电子产品的时候，孩子都非常不开心甚至哭闹，这时家长就要帮孩子学会管理好电子产品使用时间。

为什么孩子需要合理的电子产品使用时间

过长时间盯着屏幕对眼睛不好，容易导致近视，对大脑有很多负面影响。尽管表面上看孩子紧盯着屏幕，看似很专注，可是屏幕上一会儿冒出一条消息或一则广告，处处在分散着孩子的注意力。另一个极端是过度专注，孩子在玩电子游戏时，当我们在提醒他们还有五分钟时，他们好像根本听不到我们的话，因为他们的大脑过度沉迷于游戏，对周围的环境置之不理。很多电子游戏吸引着孩子一级又一级、不肯罢休地进行下一轮"挑战"，浪费着孩子宝贵的学习和运动时间。

电脑或平板电脑上的一些教育游戏，虽说在一定程度上能够帮助孩子学习，其实并没有想象的那么有效。真正的学习，应该还是来自真实生活中的老师、家长的讲授。这些游戏给孩子的大多是短暂记忆，长期来看，孩子可能只是对花花绿绿的屏幕颜色和不停地点击感兴趣，并不能真正学到知识，更谈不上实际运用。

长时间使用电子产品，严重影响孩子肢体方面的发展。大家都知道，运动能使人健康、强壮。但久坐在屏幕前，孩子运动的时间自然就减少了，从而造成孩子在各种体育活动中协调性差，包括跑步、蹦跳、骑车、踢球等。缺乏运动，抵抗力下降，从而导致容易生病。各种体育锻炼会消耗孩子们体内的肾上腺素，让他们更平静。

长时间使用电子产品，严重影响孩子的社交能力。各种社交软件使得人们可以随时保持交流，可是孩子们如果长期借助于屏幕和他人交流，而不是参加各种活动和生活中的人们面对面交流，你会发现，当他面对老师、朋友的时候，很可能不敢或不会看别人的眼睛，可能会低着头，可能会盯着一个角落。屏幕社交缺乏和他人交流过程中最重要的一个部分——目光接触。当然，借助视频有可能会弥补这一缺陷，但是视频聊天与真实会面还是有所不同。

　　长时间使用电子产品，会让孩子变得暴燥。孩子如果沉迷于电子产品，在电子产品被关掉的那一刻，他会很生气，甚至会变得非常暴躁，尤其是当他们长时间玩一些暴力游戏的时间。我们会发现，他和很久之前那个乖巧的孩子判若两人。生活中不乏这样的例子。而且我们发现，家长退让一步，允许的越多，孩子想要的就更多，然后一步步陷入了一个恶性循环。

如何设置合理的电子产品使用时间

　　当家长已经下定决心要对孩子的电子产品使用时间进行改变的时候，请坚持自己所做的决定，并且设置电子产品使用时间的计时器，而且家长意见要统一。

家长先把手机放下

　　当我们想要给孩子设定规则的时候，家长应该首先做出榜样，榜样的力量是无穷的。当我们想要帮助孩子设定合理的电子产品使用时间时，作为家长，请先把手机放下。

提前几天告诉孩子新的电子产品使用时间管理规则

　　可以在周五晚上告诉他，从下周一开始，我们要开始更合理地使用电子产品。这可以让孩子提前做好心理准备，不至于显得太突兀。

设立"无屏幕日"

请在家将每周的某一天或几天设为"无屏幕日"（当然工作、学习需要除外），请有意识地给孩子安排其他活动。在这一天或几天的时间里，所有家庭成员都不接触屏幕，而是一起享受美好的家庭时光：聊聊天，一起到户外走一走，一起看看书，一起做做家务，做做运动。这些对孩子的健康成长有着非常重要的作用。

当"屏幕问题"解决之后，许多问题会自动消失，这已经被很多家庭的实践所证实。我周围有很多家庭，周一至周五不能使用电子产品，周末会给孩子半个小时或一个小时，有的家庭甚至周末也不能使用电子产品。这些家庭中的孩子更健康、自信、快乐，因为他们有更多的时间和家长、朋友真实地交流，有更多的时间阅读书籍，有更多的时间运动，有更多的时间学习音乐、弹出更动听的曲子。

请确保用餐时、练琴时、写作业时、读书时没有屏幕时间

这可以使孩子可以愉快地用餐，可以借此机会和家人聊聊天；之后能专心地做事情，包括练琴、写作业、读书等。

管理使用屏幕的时间，设定两个计时器

一个计时器是孩子的，另一个是家长的。当还有5分钟时，家长去提醒孩子还有5分钟，要确保孩子听到了你的提醒，并坐在他们身边，提醒他们还有4分钟、3分钟、2分钟、1分钟、时间到，然后微笑着、平静地要求他把平板电脑递给你。这在最初几次很可能不会成功，孩子会紧抱着平板电脑不放，或者会抱怨家长打扰了他的游戏时间，这时家长要足够镇定，告诉他如果他继续哭闹、不能遵守规则的话，那么就不许玩平板电脑，家长要说

到做到。

多聆听孩子、表扬孩子

当他们使用屏幕的时间被管理后，允许他们表达出内心的不安、生气，接受他们的情绪，甚至可以轻声附和他们的感受。当孩子感到被理解之后，他们会变得越来越不容易生气。多表扬孩子的进步，哪怕只是一点点，也可以给予一些小小的奖励。

在家里设置"手机放置盒"

现在有很多中学要求学生到了学校把手机锁在自己的小箱子里，放学的时候才可以取出来。这对学生专心学习非常有用。同样的方法，也可以在家里设置手机放置盒，回到家就把手机放进去。等写完作业之后，可以有几分钟看一下是否有消息，然后把手机放回盒子里。之后的时光，可以读书、做家务，和家长、兄弟姐妹聊天等，然后睡觉休息。

培养孩子有自己的主见

这意味着孩子有自己的看法和处事原则，这将帮助他们在屏幕使用上较少受同学、朋友的影响，不会说朋友在玩什么，他也要玩什么。要知道，每个孩子都是不同的，每个家庭也都是不同的。

做事要讲效率，拒绝拖拉

孩子上学出门时总是拖拖拉拉、丢三落四，每次都让家长急得跳脚，但孩子总是不紧不慢，家长的耐心逐渐被消耗，脾气也逐渐开始暴躁。要想解决孩子的拖拉问题，就得清楚孩子为什么会拖拉。这是因为孩子明显缺乏时间管理意识。很多家长认为孩子没有时间观念，是从他们"做事很拖拉、很磨蹭"得出来的结论，而孩子做事慢的原因，通常有以下几个：

有的孩子天生慢性子

有些小孩不管外界发生怎样的变化，都不会轻易改变自己的行动轨迹，只全心沉浸在自己的小世界里，两耳不闻窗外事。这样的孩子一般性格比较安静沉稳，做起事来也是不慌不忙、慢条斯理。

缺乏时间概念

孩子做事拖拉，是因为他们不像成人一样具有"时间紧迫感"。因为时间概念模糊，他们觉得一件事如果不是非得做得快才有更好的结果，那么慢慢来也没什么问题。

家长做的"榜样"

有些家长自己做事时不紧不慢，不到最后一刻绝不把事干完，这种"慢吞吞"的性格和做事方式当然会潜移默化地影响到孩子，让孩子养成做事磨蹭、没有时间观念的习惯。

家长包办一切

有些家长嫌孩子吃饭慢，就喂孩子吃；嫌孩子房间整理得不好，就帮孩子整理……时间一长，孩子就会形成依赖心理，且缺乏动手能力，很少能在合理的时间做完该做的事情。

对某些事不感兴趣

做喜欢的事非常积极，不喜欢的事能拖延就拖延，慢吞吞的，这是很多孩子的通病。当孩子对一些事不感兴趣，而家长又坚持让他们去做时，孩子就只有"拖时间"，敷衍了事了。

缺乏自信心

有时候孩子做事慢，不是不想做，而是没自信怕挨说，所以做事时总是畏畏缩缩、瞻前顾后，自然也就快不到哪里去。如果大人这时不停催促孩子，孩子就会越发慌乱，反而做事越来越慢。

为了让孩子明白时间管理的重要性，提升孩子的做事效率，家长可以从以下几个方面来引导孩子：

让孩子明白时间的宝贵

其实时间对于孩子们而言是很抽象的。父母可以买一些闹钟、沙漏、定时器等，让孩子们看见时光，而且还可以教大一些的孩子使用这些计时工具，让他们自己制定自己的时间，这样才能更好地管理自己的时间。"花有重开时，人无再少年"，家长要认真告诉孩子时间有多宝贵，一旦浪费了就再也找不回来了，跟孩子明确时间意味着什么，对人来说有多重要。

为孩子制定合适的做事时间表

研究发现：1岁以下婴儿集中注意力的时间不超过15秒；1岁

半宝宝可集中注意力5分钟左右；2~3岁幼儿可集中注意力7~9分钟；4~6岁儿童可集中注意力10~15分钟；7~10岁儿童可集中注意力15~20分钟。

家长可以根据孩子能够集中注意力的时长，找到孩子的精神"节奏"，给孩子制定合适的做事时间表。比如想让8岁孩子写作业一个小时，可以把一小时划分为3个20分钟，每学习20分钟，允许孩子休息3~5分钟后再继续学习。休息时间不要过长，也不要让孩子在这时看动画片或打游戏，这会影响孩子再次集中注意力。

帮助孩子安排做事的顺序，尽量把事情交给孩子自己管理

孩子往往分不清事情的重要程度，家长可以指导孩子如何分析事情的轻重缓急，并据此安排做事的顺序，让孩子通过思考，少做一些"无用功"，提高做事效率。要给孩子自主权和空间，鼓励他独立做事、自己判断、自己选择、自己决定，把属于他的事情交给他，家长只在孩子需要家长给出意见和提醒时才出现。想让孩子不再磨蹭拖拉，就要先从改变自己入手，用自己的言行去引导孩子、影响孩子。家长要对孩子有同理心，还要有足够的耐心。

比如，对于两三岁的低龄幼儿，我们在准备打扫房间时，可以请他先帮忙收拾一些散乱的物品（玩具和衣物等），做一些力所能及的事情；对于大一点的孩子，可以引导他们帮助家长做餐前准备工作，摆碗筷、端菜、清理桌面、洗碗等一系列工作要有清晰的顺序安排。每天放学后做作业、玩游戏、看电视等安排也要分清主次，不能一味顺着孩子的心意来。

生活中的每一件事情，都可以请孩子一起做详细计划再执

行，比如带孩子去旅行，无论是近郊出游还是远途旅行，让孩子参与选择地点、乘坐的交通工具、携带的行李、订酒店、游玩的线路等事项，可以帮助孩子练习如何分清主次，同时也让孩子知道做计划是非常重要的一项工作。

适当鼓励孩子

没有时间观念的孩子，做事虽然慢吞吞，但家长不要因此就催促、干扰他，而是要给他一个安静的环境，当他在规定时间内把事做完，家长可以给予明确的鼓励。

教孩子利用碎片时间

教孩子利用好碎片时间，并定期检查时间运用得是否合理。在日常生活中，家长可以让孩子把自己的做事时间记录在小本子上，每周与孩子一起分析哪些地方浪费了时间，并讨论下次再发生同样的事情，怎么做才最合理，帮孩子减少时间浪费。

穿衣得体整洁，维护自身形象

"冠必正，纽必结，袜与履，俱紧切"是对一个人衣着的根本要求。认真穿衣，也是对别人的一种尊重！衣着随便、散漫会给他人留下不好的印象，会让别人觉得我们很邋遢。古人读书有三正：帽子要正，裤带要正，鞋带要绑紧绑正。所以在出门之前，一定要让孩子照照镜子，看看自己的衣服是不是整齐、整洁。

孩子大多喜欢追求潮流，然而他们的着装风格在家长看来压根就不得当。很少有家长能够容忍孩子穿着正式的礼服出席非正式的场合，或是穿着便装参加正式场合的活动，或是穿着旅游鞋参加宴会，或者穿着宴会鞋去沙坑玩，或者穿着有大窟窿、小裂口的蓝色牛仔裤满世界乱跑，或者下雨天光着脚丫就跑出去……尽管这也许只是孩子标新立异、张扬自己个性的一种表达方式。

在现实生活中，有许多家长都为孩子的着装问题苦恼不已。家长觉得美观得体的着装，在孩子眼中成了"老土"；孩子觉得新潮时髦的服装，在家长看来却一点规矩都没有！关于孩子的着装问题，家长似乎总是和孩子持不同的意见，这可不是什么好现象。

家长希望孩子衣着得体，看上去更有规矩一点，这并没有错。如果孩子总是一身奇装异服，完全不符合他们学生的身份，那么就会显得特别没规矩，同时也会给家长带来很多尴尬，因为别人可能会说"那孩子穿成那样，怎么他的爸爸妈妈也不管管啊"。很多时候，孩子穿什么样的衣服，往往反映出一个家庭的审美观、价值观和生活方式。有的家长只允许孩子挑选便装，因为他们觉得学校的要求比孩子选择的衣服更加保守一些；有的家长则对孩子的穿着进行了严格的规定，比如孩子的衣服必须合体、大方端庄、不花里胡哨、没有破洞等；还有的家长则把穿衣服的选择权直接交到孩子手里，对于他们的着装不闻不问，甚至视而不见。

有的孩子非常讲究穿着，他们常常通过一些奇怪的打扮来显示自己的与众不同，让自己在学校里看起来更"潮"一些，最后

他们大出风头。然
而，孩子这副非主流
的穿着，却并未得到
大家的认同，甚至被
大家看成"异类"，
从而渐渐疏远。因
此，家长应该及早给
孩子制定规矩，对于
孩子的不得体着装要勇于说"不"，同时也应该细心观察孩子的内
在需求和个性特质，以客观的态度去理解孩子、尊重孩子。也只有
这样，才能培养出一个人格健全、乐观快乐、积极向上的孩子。

事实上，家长的要求也并不多，只是希望自己的孩子能穿着
得体的服饰，去相应的场合。可是在家庭生活中，孩子总是在穿
衣问题上和家长产生分歧，这已经不仅仅是观念和审美趣味上的
问题，而是关乎孩子是否有规矩。那么，家长如何让孩子的穿着
更加得当呢？

给孩子制定穿衣规则

由于孩子的生理和心理都没有完全发育成熟，很容易受到社
会不良风气的影响，因此家长有义务严格规范孩子的着装行为，
就孩子穿衣的问题制定一些规矩。举例来说，孩子的衣服起码应
该是干净整洁的，与季节和天气的变化相适应，在特别的场合要
穿特别的衣服。当然，在这些规矩之外，家长还应该留给孩子更
多的选择自己穿着的权利，让孩子自己做决定。想想看，如果3
岁大的孩子想去游乐园玩一天，5岁大的孩子想去看邻居刚出生
的小猫咪，或者10岁大的孩子想去快餐店吃汉堡，在这些场合家

长非要规定他们穿什么样的衣服吗？当然没有这个必要。家长只需要坚持一条基本原则——孩子的衣服应该是干净整洁、舒适得体的。

想方设法让孩子配合你

在孩子因为穿着问题和家长发生正面冲突之前，家长最好能够想出一个简单易行而且行之有效的方法。首先，家长可以在出席某个场合的前几天通知孩子，让孩子有一定的时间接受你的决定，也有准备的时间，比如"这个周末我们要去看望爷爷，希望你能穿上爷爷送你的那套衣服"。其次，给孩子一定的选择，要让孩子明白，他要么选择这件，要么选择那件，必须在这两者之中选择一个，比如"爷爷生日那天，你可以穿他送给你的那条红色的连衣裙，或者穿那件蓝色的背带裙，你选哪一件"。最后，家长还可以用某个东西或者某件事情刺激孩子积极配合你，比如"如果你同意穿爷爷送给你的那条连衣裙，那么我可以给你买一双和它相配的鞋子"。

适当尊重孩子的选择

对于年龄稍大的孩子，家长可以在衣服的选择上尽量征求孩子的意见。当家长问孩子"你打算怎么办"的时候，顺便让孩子了解你所关心的问题，以及你希望他考虑的做法，比如"下周日是你舅妈的生日，我希望你到时候看起来又体面又可爱，你觉得穿什么样的衣服好呢"。注意，家长要做的是征求孩子的意见，而不是告诉他应该怎么做。这样，孩子会在无形中感受到家长的信任，也许他真的能够做出明智的选择，并且在他犹豫不决的时候，还可能会请家长帮他最后定夺。

让孩子养成讲卫生的好习惯

引导孩子主动去洗澡

有些孩子对某些事情的排斥可能会让我们感到无法理解。比如许多孩子都不喜欢洗澡，因为他总会发现比洗澡更重要的事情，他会觉得洗澡很浪费时间，而且占用了他原本玩耍的时间。也许孩子的逻辑很让人哭笑不得，但这是他自己认定的事情，所以如果我们强硬地反驳他或者逼迫他，顶多只能换来他的不开心和反抗，他还是不会乖乖地主动去洗澡。但是洗澡是孩子不可缺少的生活行为，经常清洁身体才能保证他的健康。所以我们还是要引导孩子主动去洗澡，不过要换一种应对方式。家长应该提醒孩子，洗澡这个问题不是一道选择题，它只有一个答案，那就是澡必须得洗，没得商量。而且最好是定期洗澡，不能随便糊弄过去，必须从头到脚洗干净。

对于这样的要求，孩子很可能会反抗，而对于他的反抗，我们也要坚持，不能因为他的反抗或者哭闹就妥协了。一旦我们轻易让步，就会让孩子钻了空子，下次他可能会更加顺理成章地拒绝洗澡。

所以，不妨来个"迂回战术"：虽然不能在要不要洗澡这个问题上设定选择，但是可以让他在洗澡时间上有所选择。比如问他"是要先听故事还是要先洗澡"，如果孩子选择听故事，那么可以将洗澡时间拖后，但是不能彻底放弃。如果过了洗澡的时间他依然选择不合作，那么我们可以用一些小惩罚，比如让他少听一次故事。

如果他在洗澡的过程中不断反抗，我们也可以予以惩罚，比如不仅是当天晚上的睡前故事免掉了，第二天的也要免掉。

其实要对付孩子不爱洗澡的问题，我们还可以采取很多方法：让他自己说一说不洗澡会有怎样的害处，或者不洗澡就会有怎样的后果，比如身体会生病，小朋友会远离他，等等。如果孩子可以快乐地去洗澡，就会有愉快的心情、干净的身体，加上我们的认可，他自己就会慢慢体会到一种愉悦感、幸福感。

为年幼的孩子制定饭前便后洗手的规矩

吃饭之前要洗手，这是一个重要的卫生习惯。俗话说："饭前要洗手，病菌不入口。"

孩子除睡眠时间外，两只小手一刻也不想闲着，尤其是年幼的孩子，看见什么都想摸一摸、拿一拿。有的孩子还喜欢在地上玩土，这样手上就沾染了很多病菌、病毒和寄生虫卵。如果吃食物前不洗手，拿起来就吃，手上的病菌就容易随同食物一起进入腹内。

若孩子平时身体抵抗力强，病菌也闹不起来；但当孩子着凉或玩得过度疲劳时，身体的抵抗力降低了，体内潜伏着的病菌或新吃入的病菌就会活跃起来而使孩子发病。因此，家长一定要做到饭前（或吃食物前）先给孩子洗手，从小培养孩子饭前洗手的好习惯。

大小便后洗手也是预防疾病的重要措施之一。因为很多病菌是通过粪便传播的，尤其是肠道传染病，如痢疾、肠胃炎、肝炎，还有蛔虫、蛲虫病等。如果大便后不用肥皂洗手就去拿玩具，会把病菌转移到玩具上，再边玩边吃东西，或接着去吃饭，就易感染疾病，不但会形成自身的反复感染，还会传染给其他人，可能使病情迅速蔓延。因此，孩子大小便后一定要用肥皂将手洗干净。

孩子的卫生习惯都是从小形成的，与家长的态度和家庭习惯有很大关系，只要我们自己不偷懒，自觉起到榜样作用，孩子一定能潜移默化地养成良好习惯。家长平常要做到饭前便后洗手，外出回家后洗手，言传身教。对于孩子，我们在孩子吃饭前、玩玩具后、便后等情况下，要督促他去洗手。

家长要告诉孩子为什么要洗手。手接触外界难免带有细菌，这些细菌是看不见、摸不着的，如果不将双手洗干净，手上的细菌就会随着食物进入肚子，人就会因为吃进不洁的东西导致生病。有条件的家长可以带孩子通过显微镜观察，认识人手上的细菌，帮助孩子了解洗手的重要性。如果家长能详细地给孩子解释，相信他们能明白，并会慢慢养成饭前便后洗手的良好习惯。

有的孩子贪玩、性子急，不是忘记洗手就是不认真洗。家长应经常耐心地提醒孩子洗手，不要因孩子不愿意洗手而采取迁就的态度，因为如果家长不时刻提醒，孩子就会以为这件事不重要，渐渐忘记要去做了。同时，家长应教给孩子正确的洗手方法：先用水冲洗手部，将手腕、手掌和手指充分浸湿后，用洗手液（或香皂）均匀涂抹，让手掌、手背、手指、指缝等处都沾满丰富的泡沫，然后再反复搓揉双手及腕部，最后用流动

的水冲干净。孩子洗手的时间不应少于30秒。

此外，家长可以用儿歌或游戏等方式教孩子养成洗手的好习惯。家长可以通过讲故事的方式告诉孩子为什么要洗手，不洗手、不讲卫生会有什么后果；教会孩子《洗手歌》："掌心对着掌心搓，手掌手背用力搓，手指交错来回搓，握成拳头交替搓，拇指握住较劲搓，指尖放在掌心搓。"家长和孩子一起边洗边唱，让孩子学会正确的洗手方法；告诉孩子什么时候要洗手，如吃饭前要洗手、上完厕所要洗手等。爸爸妈妈还可以和孩子比赛，"看谁小手洗得最干净""看谁是最讲卫生的人"等，以游戏的方式引导孩子自觉洗手。另外，要奖励孩子正确的行为。在孩子不需要大人提醒而饭前便后洗手时，家长应及时表扬，强化他们正确的行为，久而久之，饭前便后洗手也会成为孩子生活习惯的一部分。

孩子自己的事情自己做

现代社会，有些孩子由于受到家长的过分溺爱，变得任性固执、追求享受、独立性差，孩子习惯了家长包办一切，在生活中连最基本的自理能力都没有。在生活中，很多家长是这样做的：

1.早上上学快要迟到了，可孩子却慢吞吞，家长受不了了，赶快帮他穿衣穿鞋。

2.家长看孩子吃饭慢吞吞的，天又冷，算了，喂他吧。

3.孩子说要自己洗澡，家长担心他洗不干净，等他大了再说吧，还是帮他洗吧。

4.孩子书包可真重，现在是长高的时候，家长帮孩子拿不为过吧。

5.家长自己生病了，本来想让孩子吃泡面，可营养不够啊，还是坚持给孩子做饭吧。

6.孩子画画后桌面一片狼藉，可睡觉的时间又到了，算了，家长来收拾吧。

这些现象在生活中随处可见，家长充当了孩子的保护伞，却似乎没有注意到，这样会导致孩子缺乏自理能力，将来在面对、解决困难时，都会表现出缺乏自信和独立性的一面，更别说独当一面了。因此，家长必须引起重视，要为孩子立下规矩，让他尽早学会"自己的事情自己做"。著名教育家陈鹤琴先生说："凡是孩子自己能做的事，让他自己去做。"这不仅对培养孩子的独立性、自理能力很重要，同时也培养了孩子的责任感，使孩子能对自己的生活、行为负责。从小开始，家长就应该让孩子做一些他力所能及的事情，逐步养成爱劳动的生活习惯，对孩子的一生都意义深远。

孩子总有一天会长大的，小的时候受到一点挫折，凭借自己的力量解决，明天就会独立成长。孩子总要离开家长的怀抱，走进竞争的社会。家长放手越早，孩子成熟越早。早些让孩子自立，孩子的责任感会增强，并逐渐拥有主见。在这点上，家长应注意以下几点：

家长首先要学会放手

培养孩子的自理能力，首先家长要有让孩子独立的意识，否则所有的行为都是一句空话。而所谓独立的意识，简单一句话就是孩子能做的让他自己做，并且形成规矩，因为每个人的生活终将是每个人自己过，家长不能在孩子幼儿时剥夺他独立生活的意识。只有这样，孩子以后才能过得好，过得让家长放心。

从学走路的那一刻开始，孩子就已走上自己独立的征途。对家长来说，要做到让孩子自己走，哪怕走得歪歪扭扭、会摔跤，也要让他自己走。

不要扼杀孩子的自理萌芽

其实，每个孩子都有自己动手做事情的欲望，不同的年龄段有不同的表现，如1岁多时爱甩开大人自己走路、自己抓饭吃、自己穿鞋子等，因为他们对这个世界充满了好奇，想通过自己双手的触摸来探索。当孩子有这样的表现时，家长要用笑脸来鼓励孩子去做。

孩子到了2岁，已经可以做一些事情，这正是培养自理能力的好时候，自己能做的事情自己做，这是一个很好的方法，例如自己喝水、自己走路、自己吃饭等。

家长要有足够的耐心

生活中经常会见到这样的场景：孩子在穿衣服或鞋子，穿了半天没穿好，妈妈冲到他面前，边数落边快速地帮孩子把衣服或鞋子穿上。孩子的动作都是慢的，因为这个世界对于他们来说本就是新的，我们眼中很简单的事情，孩子却要去学习，经过反复练习才能做到，所以家长要有足够的耐心。例如，家长很赶时间，但孩子还在那磨蹭，解决这个问题的方法是：总结经验，把出门的时间提前一点，如打算9点出门，就从8点10分或8点钟准备，这样就有足够的时间让孩子自己穿鞋穿衣了。可以奖励孩子，但不能是物质的，最好是口头上的奖励，如摸摸他的头、冲他笑一下，或者给他竖个大拇指，这样就够了。孩子从家长的表情、动作就可以感知到鼓励。

鼓励孩子力所能及地帮助别人

家庭生活是一种集体生活，也可以看作是社会的缩影，家长要引导孩子多为家长做些事情，可以是一些很小的事情，如扫地、擦桌子、洗碗筷等，从小培养孩子为他人着想的意识。

总的来说，家长一定要让孩子多动手，告诉他"自己的事情自己做"，这有利于培养孩子自理的习惯和自立的能力。日常生活中，不要总是为孩子包办一切，纵容孩子的懒惰，否则会妨碍孩子能力的培养及锻炼，更是剥夺了孩子学会独立自理的机会。为孩子定规矩，孩子能做的事让他自己做，在孩子做时家长要有耐心，要容许孩子犯错误，只有这样，才能培养出独立、自理能力强的孩子。

运动锻炼，强身健体

我们都知道，生命在于运动，美国运动医学院的研究表明，正确的运动有助于你持久保持健康活力和苗条体态。现实生活中，不少家长认为孩子只要认真学习就可以了，而忽视了对孩子身体素质的历练，这导致了不少孩子的抵抗力差、免疫力不足等。而实际上，体育锻炼对改善神经系统的调节功能、提高孩子的学习能力和效率都起着积极作用。孩子学习累了，到户外活动一会儿再回来学习，学习效率肯定会提高。这也是安排课间10分钟的原因。

体育锻炼对身体的良好作用，也是通过对神经系统的影响而实现的。经常进行体育锻炼的人，大脑皮质神经细胞的兴奋度、灵活性和耐久力都会得到提高，灵活性提高了，反应也就更快了。从人体活动上看，表现出机灵、敏捷，它自然反映着大脑本体的敏锐、灵活，使学习和工作都处于最佳状态，并能坚持较长时间。经常进行体育锻炼的人，在自然环境中更能接受寒冷和炎热的刺激，从而能提高对环境变化的适应能力和对疾病的抵抗能力。

因此，作为家长，只要有条件，都要引导孩子积极进行体育运动，并形成规矩。当孩子养成运动的习惯后，不但能消除疲劳，还能减少或避免各种疾病。那么，我们该如何引导孩子养成运动的习惯呢？

不断学习，了解各种运动的好处

在平时的生活中，可以给孩子多介绍一些运动的好处，培养孩子热爱运动的兴趣。体育运动项目丰富多彩，各种活动对孩子的影响也不尽相同，因此作为家长，首先要了解各种运动的意义，针对不同情况加以引导。例如可以告诉孩子足球这项运动讲究的是团体合作，如果孩子缺乏这种意识，可以引导孩子尽量朝这方面发展，这样不仅锻炼了身体，也完善了孩子的性格。通过细致地了解各种运动的益处，有选择、有目的地引导孩子朝这方面发展，会收到意想不到的好效果。

多和孩子一起运动

家长不仅要有运动的意识，还要切切实实做到言传身教，因为身教更能使孩子积极地参与。因此和孩子一起运动，引导孩子运动，是家长培养孩子运动习惯的必要内容。

帮助孩子选择合适的运动方式

运动分成有氧运动和无氧运动两种。无氧运动一般都是短时间、高强度的，对人体健康的意义不大，弄不好还容易伤到自己。所以最好还是帮助孩子选择有氧运动，不但有锻炼身体的效果，而且还能调节情绪。

常见的有氧运动项目有步行、快走、慢跑、滑冰、游泳、骑自行车、打太极拳、跳健身舞、跳绳、做韵律操等。有氧运动的特点是强度低、有节奏、不中断和持续时间长。同举重、赛跑、跳高、跳远、投掷等具有爆发性的无氧运动相比，有氧运动是一种恒常运动，是持续5分钟以上还有余力的运动。当然，无论做什么运动都要坚持，而不能三分钟热度。长时间坚持下来，你会发现，自己不仅拥有了一个健康的体魄，还释放了心理压力，重新获得学习的能量。

充分利用社区的体育器械

一般来说，每个小区都配备了一套基本的锻炼身体的体育器材，家长每天上班前或下班后来这里锻炼锻炼，孩子可能因为跟风意识，不由自主地就和家长一起来锻炼了。不仅如此，一般小区的孩子都愿意在这里玩耍，这样既锻炼了身体，又沟通了孩子之间的感情，何乐而不为呢？

周末多安排运动来休闲

双休日时，家长不要把大把的时间放在睡懒觉、逛街、看电视上，应该有计划地和孩子进行爬山、郊游等活动，让孩子选择喜欢的地点一起去游玩，这样不仅可以调动孩子游玩的积极性，还锻炼了身体。在亲近大自然的过程中，孩子的性情会得到很好的陶冶、熏陶。爬山需要付出体力，既增强体质，又磨炼意志，在培养孩子良好素质方面的作用不可低估。

让孩子运动的注意事项

当然，我们提倡孩子养成运动的习惯，但运动不能超越身体极限，在孩子进行剧烈运动之前，要了解孩子的体能，以方便孩子在做运动的时候把握好度，以免发生危险。在带领孩子锻炼身体的过程中，家长需要注意下面几点。

先做初步的运动

发展儿童走、跳、钻、爬、攀登之类的基本动作，使儿童动作协调、灵活、敏捷。如果条件允许的话，用录音机放一些轻音乐，让孩子模仿你伴着音乐做连续的各种练习动作，如伸展，扩胸，腰、臂、腿绕环等。为了发展孩子的柔韧性，可带孩子弯弯腰、踢踢腿、翻翻筋斗等。

儿童不宜做强度大的体育锻炼

儿童的心脏发育还不完善，容积小，心肌纤维细，不适应心肌负担过重的运动。因此，宜采取以发展有氧代谢功能为主的运动项目，如强度中等的慢步长跑、球类活动、体操、跳绳、滑冰以及各种游戏等。家长最好帮助孩子建立锻炼日记，记录每日的锻炼时间、运动项目、进展情况以及儿童的身体反应等，以便做到循序渐进、逐步调整。

合理安排儿童的锻炼时间

儿童处在长身体的时期，需要充足的睡眠，所以安排儿童体育活动，一般宜在清晨。清晨空气新鲜，室外活动能使大脑皮质迅速消除睡眠时的抑制状态，又可获取大量的氧气，对一天的学习、生活都有益处。但早晨活动不要起得过早，锻炼时间也不宜过长，一般半小时就可以了。锻炼后的饮食也应给予额外的补充。

学会观察儿童锻炼后的身体变化

从孩子的呼吸、脸色、汗量、声音、动作等情况，掌握儿童的运动效果，以便灵活安排他们的锻炼内容和程序。此外，家长还应鼓励儿童学点体育知识，有计划地让儿童看点体育节目和体育杂志，培养儿童锻炼的兴趣。节假日还可带孩子郊游、登山、跑步，跟大人一起活动，孩子的兴致会更浓。

家长需要督促孩子坚持进行体育锻炼

多数孩子的自觉性不高、毅力不强，家长需要督促孩子坚持体育锻炼。如果家长不严格要求，就可能出现"三天打鱼，两天晒网"的情况，就达不到锻炼身体、增强体质的目的。

PART 04
立好规矩，
让孩子的言行举止更得体

以小看大，指通过小事可以看出大节，或通过一小部分看出整体。一个人在很小的时候，他的言行举止、脾气性格的养成十分重要。好多性格方面的东西一旦形成，就具有稳定性和不可逆性，正所谓"江山易改，本性难移"。因此，给孩子立规矩，规范孩子的言行举止，对孩子的健康成长非常重要。

不怕孩子犯错，就怕视而不见

每个孩子在成长的过程中都做过大大小小的错事，犯错后拒不认错也是常事。那么孩子犯了错，家长通常都会怎么做呢？有没有逼他认错？而且还有的孩子明明做错了，却固执地拒绝认错，真是让家长又头疼又生气，还担心孩子会再犯同样的错误。家长一旦遇到这种情况，首先要搞明白，什么是"认错"。

通常来说，家长要的认错，是要孩子来向家长"承认错误"，要有一个明确的认错过程和认错形式，比如："爸爸/妈妈，我错了，我下次再也不这样了。"而孩子拒绝认错，拒绝的往往也是这个形式和过程——其实他可能明明知道自己做得不对或者不好，自己心里也后悔了，也觉得惭愧，但就是坚决不肯乖乖走到爸爸妈妈面前来说上这么一句话，让爸爸妈妈消气且放心。于是，大人就更加生气——孩子怎么这么固执、这么气人呢？

那么，面对拒不认错的孩子，家长应该怎么做呢？

弄清事实，鼓励孩子说实话

孩子做错了事拒绝认错的原因有很多，家长要找到关键点。有的孩子不认错是因为他觉得"我没错"。大多数孩子都天生好动，喜欢探索身边的事物，常常把家中的各种物品当成玩具。而如果家长平时没有和孩子说清楚，哪些东西不能玩不能动，孩子藏了重要东西或者弄坏了某样东西时，家长要求他认错，他确实会不知道自己错在哪里。

有的孩子个性强，倔犟、执拗、任性、自以为是，做错了事不愿承认，怕认错后丢面子。有的孩子则从来没有认错的习惯，这与家长的教育有关系，如孩子摔倒了，家长不教育孩子走路要当心，反而怨地不平；小孩子之间发生纠纷，家长往往袒护自己的孩子，说别人的不是。这些都是导致孩子做错事又拒绝认错的原因。如果你的孩子正是如此，那么家长不要急于追究错误的大小，而应把重点放在如何帮助孩子承认错误上。

首先，家长必须改变以上不正确的做法。是谁的错就是谁的错，要本着实事求是的态度，不要怨天怨地，混淆孩子的是非观念。

接下来，要鼓励孩子说实话，以亲切的态度告诉孩子："做错了事没关系，只要勇敢地承认错误并加以改正，就是好孩子。"同时也应严肃地指出："做了错事又不肯承认是错上加错！爸爸妈妈不喜欢这样的孩子。"

待孩子表示认错后，肯定他的进步，再帮助孩子分析他错在什么地方，其严重程度、不良后果等，教孩子今后应该怎样做。让他从错误中接受教训，为今后正确的行为打下基础。

不要过多责备孩子

有时年幼的孩子做错了事，是因为他自己全然不知道那样做是错误的。比如三四岁的孩子，常有把衣服纽扣扣错位、将袜底穿到脚面上、把两只鞋子穿反等现象。再大一点的孩子顽皮、好打闹，有时会把衣服弄破，或是为了探个究竟，把新买的玩具拆得乱七八糟……这些都是由孩子的生理和心理特点造成的，他全然不知错。对这类错误，家长不应该过多地责备孩子，更不要说一些伤害孩子自尊心的话，比如"你真笨""你真是没用"等。

家长正确的做法，应该是在"如何做"上给予孩子具体指导，不断丰富孩子的生活经验，激发他积极、主动进取的愿望，并且帮助孩子在一次次战胜错误的过程中学到更多的本领，学会辨别对与错。

不要打骂孩子

虽然孩子的年龄不大，但他已经出现了独立意愿，自尊心开始增强，所以在孩子做了错事后打骂孩子是一种非常失败的教育方法。

有的家长教育方法简单粗暴，不是呵斥就是打骂，这常使得孩子惊恐万分，无所适从。当孩子做错事后，为了逃避家长的惩罚，就只好用说谎来掩饰自己的过错。所以面对犯错的孩子，家长要持冷静的态度，分析孩子做错事的原因，本着重动机、轻后果的原则，原谅孩子因生理、心理因素及缺乏经验造成的过失。

给孩子解释的机会

有时候，孩子犯错的原因并不像成人所想的那样。比如，两个孩子打起来了，家长看见的话会立刻制止。可能有的家长会要求自己的孩子向别的孩子道歉，哪怕先动手打人的正是对方，这种情况下，孩子就会很不服气，不肯认错。因此，有时孩子犯了错，我们要给他一个解释的机会，等了解了整个事件的前因后果，让孩子认识到错在哪里时，再让他认错也不迟。

惩罚的时候要讲信用

有的家长在孩子犯了错之后，承诺不会惩罚孩子，但孩子承认了错误之后，却还是会遭到爸爸妈妈的批评，有时甚至会挨打。家长认为自己是为孩子好，让他记住了，以后就不会犯同样的错。但实际上，这样的做法会让孩子失去对家长的信任，觉得爸爸妈妈说到做不到。由于孩子上过一次当，以后再要他认错就变得难上加难了。

家长要敢于向孩子认错

很多家长觉得自己在孩子面前是权威，往往会为了自己的面子而不向孩子认错，特别是在自己犯错的时候，如弄坏了孩子喜欢的玩具等。这时家长可能会用实际行动进行弥补，但却不愿认错，由此导致孩子也学会了不认错。所以，家长要学会向孩子认错。其实，家长向孩子认错不仅可以融洽家庭关系，并且可以"现身说法"让孩子明白每个人都会有犯错的时候，认错不是一件丢脸的事情。家长向孩子认错，不仅不会因为认错而丧失尊严，反而会让孩子更加尊敬家长。

不必强迫孩子认错

其实有很多时候，孩子已经认识到错误，不等于一定要"认错"。家长坚持认为孩子做了错事，一定要明确"认错"，要有认错形式和认错过程，是因为觉得孩子认了错才会改正。但孩子是"认识到错误"才有可能改正，而"认识到错误"不等于一定要表现为"认错"这个具体的形式和过程。

所以当孩子做了错事，我们需要他改正时，第一步要做的是让孩子"认识到错误"，而不是走到你面前来"认错"。很多时候，当我们批评孩子、告诉他这样做不对时，孩子内心已经"认识到错误"，我们批评孩子的目的已经达到，再加上对孩子下次遇到同类事情该如何做的引导，孩子就可以进入下一步的"改正错误"的过程。而一些爸爸妈妈一让"认错"就来乖乖"认错"

的孩子，他的内心可能根本没有"认识到错误"，即便是有了明确的"认错"行动，他也未必能做到"下次不犯"。

比如有的孩子很敏感，特别担心家长会生气，每次做错事都会条件反射地说"对不起"，一看到家长生气就马上抱着家长哭，哀求家长别生气。这样的家长往往特别容易生气，自己稍不高兴就一定会表现出来，告诉别人"我不高兴了"，然后要别人来道歉、承认错误，说一些"对不起""我错了""求求你别生气了"之类的话，他才满意，才肯"放过"那个惹他不高兴的人。这样的家长对配偶采用这样的方式，也很容易对孩子采用这样的方式，孩子不听话了，或者做了什么大小错事，他会首先告诉孩子"爸爸妈妈不高兴""爸爸妈妈很生气"之类，甚至威胁孩子"你再这样，爸爸妈妈不要你了"，非得孩子承认错误、道歉，才会不情不愿地表示接受，然后恢复对孩子的好言语、好态度。长此以往，孩子的"认错"只是一种条件反射，或许他根本不知道发生了什么事，只会唯唯诺诺地看家长脸色，严重影响他的身心健康。

归根到底，"认错"不过是一个形式而已，家长最终的目的是希望帮助孩子改正错误，很多时候也没必要坚持一个徒有其表的形式。

孩子说脏话的坏毛病，要改

所有家长都希望自己的孩子又听话又懂事又讲礼貌，然而现在骂人和说脏话在生活中的很多场合普遍存在。家长也许说了脏话自己都没注意到，而孩子可能会照搬他们甚至不理解的这些话，因为他们"感觉"到了这些话的影响而模仿。孩子说脏话，可不是打骂就能解决的问题。

判断孩子是否真正说脏话

其实每个孩子生下来都是一张白纸，家长怎么教育，就得到什么样的成果。或许有些人觉得孩子说脏话还挺可爱，这真是大错特错。大人要有分辨是非的能力，孩子可能刚开始并不知道这是不好听的话，家长要耐心询问他怎么学会的，了解以后再告诉孩子这个词并不好，让别人听了会生气或者不舒服，而且很没有礼貌。在没有调查了解的时候，也别一听到孩子说脏话就打骂孩子，因为他也许根本不懂得这是一句玩笑话还是脏话。

不要过度关注孩子说脏话

孩子们特别会察言观色，是个交际小能手。很多时候家长根本不是孩子的对手，在孩子面前容易憋不住。可能在孩子说脏话之后，家长去批评，假装生气，但是可能只是一个眼神的闪躲，孩子就能看出来家长的心思，逗逗家长，家长可能就笑了。时间长了，孩子就会有一套自己的办法，根本不害怕家长生气，反而还会觉得很好玩。所以在孩子刚说脏话的时候，先不要过分关注，说完了可能就忘了。有时候，对脏话置之不理就足以让它在变成一种习惯之前消失。

让孩子学会控制和找方式发泄

很多孩子在吵架或者生气的时候就会骂人说脏话，只是觉得骂脏话能让自己的情绪得到宣泄，让自己感觉到放松了。其实在这个时候，家长要做的就是先让孩子学会控制自己的情绪，让孩子学会去宽容别人。如果担心孩子憋着难受的话，可以让孩子发泄出来，比如在不影响别人的情况下大喊几声，或者去做个运动。

换一种方式

家长不要期待只尝试一次就能解决孩子说脏话的问题，要一次又一次地尝试再尝试。对于3～5岁的孩子，可以跟他说"让我们把这个词换成××"。如果家长能给孩子提供一些听上去很有趣的选择，比如"胡说"或"幼稚"，孩子们很有可能会按照你说的去做。

给孩子一个良好的环境

有一些家长说脏话比较严重，可能自己感觉不出来，经常带着一些口头禅。对于孩子来说，他们不懂脏话的意思，只是在不断地模仿中成长，如果家中有人说脏话，孩子可能就会说脏话。所以作为家长，一定要给孩子树立一个好的榜样，让孩子在一个良好的环境中成长。还有一些孩子在没有上幼儿园之前还是比较乖的，上了幼儿园之后出现说脏话的情况，这个时候就要好好和老师沟通一下了，让老师来做一个引导，让小朋友们不说脏话。

家长或许并没有刻意教孩子怎么说话、怎么做事，但家长的言行举止都会影响孩子，孩子会在模仿中学习。比如"靠"这个词，很多时候只是表示一个惊叹的语气，其实很难界定是不是脏话，但在某些场合和某些语境下，它就是一句脏话。然而孩子没有区别场合与语境的能力，他们的理解还与成人不同，所以对于这样的词，我们尽量不用，或者换成其他更好的词来表达，更有利于孩子的成长。

孩子的攻击行为，不可取

随着孩子逐渐长大，很多家长发现自己的孩子，尤其是男孩，脾气容易变得暴躁，每次和家长或同学闹了矛盾，就会乱打人、乱摔东西。而且通过这种方式，孩子每次都能最终满足自己的意愿。孩子好斗的个性通常让家长很担心，会不会影响他将来的发展。家长要从小给予孩子指引，让孩子学会用正常的手段来满足需求，让孩子既能保持活泼开朗的个性，又不陷入争强好斗中去。

及时制止孩子动手打人的念头

在孩子最初扬起小手拍打家长的脸的时候，家长要做的不是嘻嘻哈哈一笑而过，不要当好玩，不要觉得孩子好可爱，而是应该表情严肃地摇摇头，告诉他这是不可以的，这会让爸爸妈妈伤心，爸爸妈妈会疼。很多家长和老人往往忽略孩子最初的打人行为，当孩子扬起手打人的时候，还笑得很开心，有的打完左脸，还把右脸凑过去让孩子打。直到孩子有力量了，能打疼他们了，他们才摇头说不可以，可是已经太晚了。孩子一开始是完全意识不到这是不正确的行为的，是家长的"默许"给了他们这样的"学习"机会。

妥善引导

孩子过于好斗并非好事，家长要教会孩子理性地处理问题，让他认识到争斗并不能够真正解决问题。家长要鼓励孩子与他人分享食物、玩具，教他与人合作玩游戏。孩子逐渐会发现，其实他不和人打架也能得到想要的东西。当孩子的言行中表现出好斗时，家长要先分析孩子出现这种现象的原因，而不是放在行为本身上，这样才能找出孩子好斗的根源所在，在孩子产生问题或与他人发生矛盾时，才能帮孩子理性地解决问题。

家长不要带孩子看一些带有暴力倾向的影视作品，孩子的模仿能力超乎你的想象。更不能以暴力为教育孩子的主要方式。家长教育孩子的方式直接关乎孩子为人处世的方式。

鼓励孩子多参与户外活动

让孩子多参加户外活动有助于孩子保持活泼开朗的个性。孩子多参与户外或社会实践活动，能够开阔眼界，增进人际交往技能，使孩子更活泼自信。孩子正处于长身体的阶段，多参与一些户外活动，既能够开阔自己的心胸和视野，还能强身健体。家长陪同孩子一起参与户外活动，不仅能增进亲子间的交流，还可以给孩子树立一个健康的榜样。

不要过于限制孩子的出格行为

很多家长喜欢限制孩子的一切出格行为，把它们视为"坏孩子"的表现。事实上，一些孩子喜欢做出格的事，是孩子冒险意识的表现，这会锻炼孩子的探索能力、动手能力，使他们在这些行为中满足自己勇敢、自信的追求。孩子出格并非坏事，家长只要善于引导，就可以激发孩子的天赋。家长应该在保护孩子身心健康安全的前提下，适当允许孩子的一些出格行为，这是对孩子天性的维护，也是对孩子能力的培养。

保护孩子活泼好动的天性

活泼好动是孩子的天性。孩子在玩的时候，一定要让他们放开了玩，玩到尽兴，这样有利于培养孩子开朗的性格和积极有效的人际关系。孩子如果玩得不尽兴，会阻碍他个性的充分施展和发挥。家长不要指责孩子玩得太疯、太过火，只要是在安全的情况下，家长要鼓励他们放开了玩耍。

孩子一不高兴就撒泼哭闹，要引导

有些孩子天生敏感，很容易哭，这也是他们表达自己情绪的一种方式。有些孩子哭是为了寻求关注、权力、报复，或者是表现自己的无能为力；有些孩子哭是因为当时感到失望、愤怒或沮丧。当然，婴儿哭是因为这是他们唯一的沟通手段。家长需要足够了解自己的孩子，并发现这些区别，才能够更有效地解决孩子哭闹的问题。

读懂孩子的语言

对于婴幼儿来说，哭闹是他们的语言，当他们还太小，不会说话的时候，只能用哭来表达自己的不满或者委屈，或者自己的想法。一般情况下，婴幼儿哭闹主要是饥、渴、冷、热、排泄的诉求。家长发现孩子开始哭闹，一定要找到原因及时解决，那样孩子的哭闹就会马上停止。

而稍大点的孩子哭，主要是家长给的安全感不够，没满足孩子爱的需求，他只好通过哭来呼唤亲密，避免孤独、被忽视。比如孩子不喜欢上幼儿园，每次都哭好长时间，怎么哄也哄不好；或是孩子不听话，爱打人，家长一制止就大哭大闹；或是孩子注意力不集中，不好好吃饭，一说他就哭闹，等等。

表面上看，孩子哭闹的原因各不相同，但深层的心理需求通常只有一个——呼唤家长的关注和爱！家长对孩子的高质量陪伴不够，亲子间的安全依恋关系没有形成，孩子的内心深处感受不到爱和关怀，可孩子太小，意识不到，也说不出来，于是表现出一些偏差行为，如不爱上幼儿园、不好好吃饭、注意力不集中、打人哭闹等，实际上寻求的是家长的关心和爱。尤其是6岁左右的孩子，像有的家长说的"越大越有心眼"，常常追着大人哭，其实孩子的内心大多想控制亲子关系，哭给最亲密的人看，寻求家长的认同和关注。

家长要通过孩子哭闹的表象，反思一下，陪伴孩子的质量如何，是不是因为疏忽而让孩子有了不安全感。多抱孩子，多亲吻孩子，多和孩子说妈妈（爸爸）爱你，不只是言语，行动上也多认可孩子，多鼓励孩子，让孩子感到被允许和喜欢，孩子才会情绪平和，愉快地玩耍、生活。

适当惩罚，不害怕也不娇纵

有很多家长一看到孩子哭就慌了，只要孩子不哭不闹，孩子想干吗就干吗。时间久了，孩子就会发现，原来哭闹可以满足自己想要达到的一切目的，那么孩子就会变得越来越爱哭闹、越来越任性。所以说千万不要害怕孩子哭闹，不可任凭孩子哭闹。当孩子任性哭闹时，家长不要依着孩子的心性，不能纵容他，要及时给孩子指出错误。家长可以先劝他几句，若孩子不听甚至哭闹得更加厉害，可以警告他，让他适可而止，马上擦干眼泪鼻涕，然后去做自己的事情，不理会他，一般孩子都会停止任性哭闹行为。如果孩子的哭闹还未停止，就可以使用一些惩罚手段了。比如孩子想以哭闹的方式达到自己的某一目的时，你可以拒绝，要让孩子明白，他的任性哭闹不会达到自己的目的。

教育孩子需要全家同步

一个孩子的身边会有爸爸妈妈、外公外婆、爷爷奶奶，幸福的孩子可能一下子拥有六个人无尽的疼爱。这样就形成了一种局面：当孩子哭闹，父母准备教育时，就会有四位或者两位老人出来反对，这样一来，孩子就会觉得自己有靠山，长期下来就很容易形成任性哭闹的习惯。所以教育孩子要全家同步，以一种方式为准，所有人保持意见统一。

哭和笑都是释放压力的自然而健康的过程，无论对于男孩还是女孩都是如此。为了孩子的心理健康，应该允许他们哭。但一旦察觉孩子是想以哭闹来达到自己的目的的时候，就不应该骄纵，要及时制止，并加以引导。

教孩子学会感恩

"谁言寸草心，报得三春晖""滴水之恩，当涌泉相报"，说的都是感恩。但在如今社会的人们对感恩似乎有点陌生，年轻一代的孩子不懂得要寻找感恩的原因，更不谈去感恩。而孩子之所以会出现这样的状况，最应该反思的就是每一位家长。

教育学家说，如今有些孩子缺少感恩意识，冷漠与自私心理严重，造成这样的原因是多方面的，这与家庭教育、社会教育、学校教育是有着直接关系的。

许多孩子认为家长有责任让自己过舒服的日子，善待自己是理所当然的事。其实，孩子们这种思想是错误的。不知道感恩，就是对人性的一种背离，不会感恩的人只会带给他人一种冷漠和残酷。因此，作为家长，从小培养孩子对周围的人或事物的感受能力很重要，同时还要让孩子学会用一些适当的方法去表达情感。

要让我们的孩子知道：常怀一颗感恩的心，就是要对自己的现状感到满足，同时他人为你做事时也要心怀感激。如果你接受了别人的帮助或恩惠时，即使在你看来不是很重要，你也要怀有感激之情，要向对方表示感谢。

怎样让孩子学会感恩呢？家长只有自己明白感恩的意义，才能知道应该怎样去教育孩子。作为家长一定要清楚两点：一是你的付出是对方所需要的；二是你的付出不是为了能得到他人的回报。

先说"给"。很多家长在"给"的方式上出现了问题。大部分的家长都是这样想，自己所付出的一切都是孩子必须接受的。其实家长的理念是错误的，有时家长所付出的不一定就是孩子需要的，有时甚至还会是令孩子厌恶的。当家长辛辛苦苦地为自己的孩子付出，而孩子一点感激都没有的时候，很多家长感到绝望："我们为他付出了那么多，孩子却不领情。"但是家长有没有想过，你们在为孩子付出时有没有征求一下孩子的意见？在与孩子商量的过程中，孩子才会感觉到家长是在为他付出，只有在相互理解的基础上，你的付出才有效。

除了弄清孩子的需求外，还要让他清楚，家长的付出并不是要他们知恩图报。许多家长总是会在孩子面前这样说："爸爸妈妈这么辛苦都是为了你啊。"从表面上看，家长只是想通过这种方法来告诉孩子，我们为你付出很多，但是这样做反而会给孩子造成心理负担，它暗示了"我为你付出的，你势必要记得报答"，这样孩子就算知道感恩也不是出于真心的，只不过是一种形式罢了。

再说"受"。接受的一方必须懂得珍惜。家长可以这样做，适当地让孩子受一些"苦"，这个"苦"就是别太急着让他满足，只有当他真正需要的时候才给，可惜这一点往往是许多家长无法做到的，当孩子还没有提需要时，就早已为他们全部考虑好了。孩子从来没有缺少过什么，当然也就不知道"有"与"没有"的区别，想得到的东西轻易就得到了，自然就不会珍惜了。

正确对待孩子顶嘴的行为

"小小年纪，怎么就会顶嘴了？"生活中，家长时常会产生这样的疑问：以前那个听话的乖孩子去哪里了？怎么现在家长说什么，他们非要顶嘴，变得没规没矩。如今，孩子与家长较劲、顶嘴的现象在生活中十分普遍。顶嘴是孩子在成长过程中逐渐学会的一项"本领"，而且越用越娴熟。很多家长都苦恼于孩子顶嘴的现象而又无能为力：有的家长对孩子斥责、批评；有的家长直接使用暴力；也有的家长指望孩子长大懂事，自然就不会和自己顶嘴了。事实上，孩子爱顶嘴是成长过程中所必须经历的阶段，只要家长能够为孩子制定好规矩，并且对孩子进行正确引导和教育，那么就不会为孩子顶嘴的问题感到棘手了。

以前，6岁的小峰在家长眼中是一个很有规矩的孩子，平时不管家长说什么，他都很认真地听着。可是最近一段时间，小峰不像以前那样听话了。

他开始和家长唱反调，家长说今天晚上吃白菜，小峰偏要家长煮胡萝卜。有时候小峰犯了错误，妈妈批评他，他不仅不会承认自己的错误，反而会和妈妈顶嘴，让妈妈下不了台，最后妈妈只能动用武力。

有一天，爸爸的老同学登门拜访，爸爸在客厅里陪着老同学寒暄，妈妈则在厨房里忙得不可开交。炒菜的时候，妈妈发现家里的酱油没有了，于是就让小峰去楼下的商店买一瓶。当时小峰正在自己的房间里玩积木，他对妈妈大声说道："自己的事自己做，你没看到我在忙吗？"小峰说话的声音很大，肯定被客人听见了，妈妈感到特别尴尬。

为了不让自己在客人面前颜面扫地，妈妈继续要求小峰下楼去买酱油。这一次，小峰仍然和妈妈顶嘴："我就是不去！说了不去，就是不去！"说着又在房间里大声哭闹了起来。

这样一闹，爸爸妈妈还有客人都显得十分难堪。最后爸爸只能尴尬地对老同学说："这孩子从小就没规矩，你别太在意啊！"

"呵呵，现在的孩子都这样，我家那个小淘气也不例外，总爱和我们顶嘴……"客人也尴尬地笑了。

家长肯定还记得孩子刚开始学说话的时候吧，那时家长的话就像圣旨一样，不管家长说什么，孩子都会听，并且当成是绝对的真理。可是随着小家伙年龄的增长，他们不像以前那样听话了，他们不再把家长的话当成真理，而是逐渐拥有了自己的想法，并且以自己的方式来反抗他们自认为家长做得不够完美的地方。面对孩子的巨大变化，很多家长感到无所适从，于是处处和孩子针锋相对，最终使自己生气、孩子挨打，一家人的和谐气氛就这样烟消云散了。

孩子在语言上顶撞家长，不仅是没规矩的表现，而且还会影响亲子间的正常交流，甚至影响到孩子的人际交往与心智发展。

当然，孩子时常在言语上顶撞家长也不是没有原因的。在要求孩子不能顶撞家长之前，家长首先应该了解孩子出现顶嘴现象的根本原因：

1.孩子的自我意识逐渐增强，他们急于向家长表现："我长大了！我能行！"

2.家长没有树立正确的榜样，比如家长时常与其他家庭成员顶嘴，孩子就会跟着学。

3.试探家长的底线，想知道家长对自己的顶撞会做出什么样的反应。

4.家长过于溺爱孩子，导致孩子的心中缺乏对家长应有的尊重，因而在言语上顶撞就不足为怪了。

5.家长太忽略孩子，因此孩子想通过顶嘴来引起家长的注意。

6.家长过于权威，孩子想通过顶嘴来证明自己。

7.孩子真的在胡搅蛮缠。

不管是出于什么原因，孩子顶撞家长的行为都应该引导。作为家长，除了给孩子定好规矩，还应该从孩子的顶嘴原因入手，有针对性地采取不同的措施来改变孩子的顶嘴现象。具体说来，家长应该怎么做呢？

给孩子一片自由的天空

即使给孩子制定规矩，也不能忽视孩子自我意识的萌发，为此家长应该把孩子当成一个"小大人"来看待，尊重孩子想要独立的愿望，给孩子一片自由的天空。比如放手让孩子自己去摸索、去想象；尽可能为孩子提供独立活动机会，创造活动环境；当孩子有了自己的想法时，家长应该积极支持和赞许，同时也要发扬家庭民主，让孩子拥有更多的发言权。

有的家庭里，家长处于绝对权威的地位，而孩子处于相对弱势的地位。如果孩子生活在这样的家庭里，将很少有机会表达自己的见解，久而久之，就会形成优柔寡断、缺乏主见的性格。为了避免物极必反的后果，家长应该在不违背原则的前提下，允许孩子表达自己的见解。对于孩子合理的要求，家长应该尽量予以满足，并且时常鼓励、支持和帮助孩子完成自己想做的事。

给孩子做个好榜样

生活中，有的家长在家中不注重自己的言行，常常跟爱人顶嘴、和老人顶嘴，这会对孩子产生潜移默化的不良影响，从而学会和家长顶嘴。因此，家长应该以身作则，平日处事平和，不急不躁，尊敬长辈，孩子自然会乐于听从家长的教导，不再顶嘴了。

将规矩进行到底

有的孩子和家长顶嘴是为了试探家长的底线，因为他们想知道家长对他们的顶嘴会有什么样的反应。家长在遇到孩子这种试探性的顶嘴时，一定要将规矩执行到底。在危险和有悖原则的事情上，不能让孩子做主，而在其他事情上还是要给孩子多一些权利，让他能够按自己的意愿来做。

减少对孩子的过分溺爱举动

如果孩子顶嘴的根源是家长的溺爱，那么就应该从治根开始，不能对孩子一味地迁就，该讲原则的时候就要讲原则，不该让步的就不能让步。比如，家长给孩子规定的睡觉时间是晚上九点，可是到九点了，孩子不愿意睡觉，反而跟家长顶嘴说："我还要玩，爸爸妈妈怎么不睡，就叫我睡。我就不睡就不睡！"甚至有的孩子开始哭闹。此时家长千万不要有"让孩子再玩会也行"的想法。坚持让孩子早睡，就是对孩子负责。家长可以陪伴孩子先睡着，让他形成习惯。孩子出现了顶嘴的行为，就要及时纠正；当他变得讲道理听话时，则要用鼓励的言行强化他的转变。

多一些时间关心、陪伴孩子

如果孩子经常出现顶嘴的行为，那么家长应该好好反思一下，是不是自己忽略、冷落孩子了。比如家长在客厅和客人谈话，让孩子把积木收拾好拿去屋里玩，这时孩子可能就会顶嘴了，因为他知道，只要顶个嘴，家长的注意力就会全部集中到自己身上，而不是一直陪客人谈话。面对这样的情况，家长应该抽出时间来关心、陪伴孩子，常常带孩子参加一些亲子活动，这样孩子就不会因为家长的忽略而顶嘴了。

正确处理孩子的胡搅蛮缠

如果孩子和家长顶嘴仅仅是由于胡搅蛮缠、耍小性子，家长不妨采用强制手段逼孩子就范。在不造成身心伤害的情况下，也让孩子品尝一下独断专行带来的后果，然后再引导孩子进行反思，从而改变孩子的顶嘴行为。

帮助孩子表达和控制情绪

别看孩子年纪不大，他们也是有自己的情绪的，常常伴随着喜怒哀乐的情绪变化，小朋友们也有相应的不同做法。与成年人不同的是，孩子们往往无法正确控制自己的情绪，一张小脸涨得通红、不分场合地放声大哭，都是孩子们常见的模样。据儿童教育学家最新研究指出：6岁前的情感经验对人的一生具有恒久的影响，孩子如果此时无法集中注意力，性格急躁、易怒、悲观、具有破坏性，或者孤独、焦虑，对自己不满意等，会很大程度地影响其今后的个性发展和品格培养。如果孩子的负面情绪经常出现且持续不断，就会对孩子产生持久的负面影响，进而影响孩子的身心健康与人际关系的发展。

因此，家长要教会孩子不能让自己被情绪左右，要掌控自己的情绪，做情绪的主人。

教孩子了解情绪

孩子们不懂什么是情绪。家长在看见孩子生气或者愤怒的时候，问问他们现在是什么样的心情和感受，教会他们分清自己的情绪。当下次出现同样情绪的时候，就能够第一时间想起妈妈教导自己要克制。

带着孩子梳理情绪

对孩子来说，开心就笑，生气就闹，他们不会处理自己的情绪，更加不懂得感觉自己的情绪。因此，家长要帮助孩子认识自己的情绪状态，知道自己有情绪是一件正常的事情，这也是培养理解和调节情绪能力的基础。没有得到表扬的孩子会哭、会沮丧，那么家长可以好好和孩子交流，询问他为什么会觉得不开心，没有得到表扬是因为什么，并且告诉他，通过自己的努力，下次一定会得到属于自己的奖励。

了解他人的情绪

家长要教孩子懂得换位思考，了解他人的情绪对孩子来说十分重要，这将影响孩子的人际交往和社会适应能力。另外，能够准确察觉和分辨他人的情绪，也是孩子正确表达自己情绪的基础。

正确表达情绪

当孩子的情绪上头时该怎么办呢？一股脑发泄吗？不，要学会自我疏导。建立起强大的内心，才不会受情绪的控制。有情绪是一件无比正常的事情，但家长需要做的是，时刻提醒孩子在表达自己的情绪时，应当以不伤害别人、不伤害自己为前提，否则不但会引起别人的不满，还会产生更多的负面情绪。

PART 05
立好规矩，
培养孩子高效的学习技能

　　"立规矩"的本质是教导孩子正确的行为，以及训练他们有足够的理性和自控力保持正确的行为。想要通过给孩子"立规矩"的方式帮助孩子提升学习效率、提高学习成绩，并不是一味以自己的想法来增加对孩子的控制感，而是结合孩子自身的实际情况，给孩子制订合适的计划。

科学安排学习时间

一般来说，小学低年级学生连续做作业的时间尽量不超过30分钟，高年级的学生不超过1小时，如果超过这个时间，孩子就会出现"心理疲劳"，导致学习能力减弱、效率下降、错误率增加，这时如果适当休息，疲劳得以解除，学习效率才能恢复。所以，当孩子连续做作业时，应当给予休息的时间。研究表明，小学生做功课中间的休息，以5～10分钟最恰当。如孩子做2小时的作业，应先学习20分钟，再休息10分钟，反复实施，效率最高。

我们要提醒孩子，告诉他们如何科学地用脑，每天学会利用最佳时间段进行学习，不但要勤奋，更要会用巧劲。该休息的时候休息，该学习的时候学习，这样做的好处就是劳逸结合，保证学习的效率，做到真正的减负。生理学家研究发现，大脑在一天中有4个时间段最为清醒，这也是学习的高效期，如果安排得当，有助于更好地掌握、巩固知识。

第一个最佳学习时间：清晨起床后

大脑经过一夜的休息，消除了前一天的疲劳，处于新的活动状态，清醒得很。尤其是7点钟左右，肾上腺皮质激素分泌迅速，体温上升，血液加速流动，免疫功能加强。此时无论认字还是记忆，印象都会很深刻。孩子趁这个时候学习一些难记忆但必须记忆的知识较为合适，如英语单词、数学公式、语文词句等。有时即使记不住，大声念上几遍，也会有助于记忆。

第二个最佳学习时间：上午 8 点至 10 点

此时人的精力充沛，大脑容易兴奋，思考能力状态最佳。如果在学校，此时也正是孩子们上课的时间，认真听讲，多思考，要及时发现和解决疑难问题。

寒暑假期间，家长一定要督促孩子早睡早起，充分利用这个时间段进行预习、学习和复习。如果有疑难，这也是攻克难题的大好时间，千万不要错过。要知道，假期是拉开孩子之间差距的关键时期，必要的复习和预习是完美跨越新学期的第一步。

第三个最佳学习时间：下午 6 点至 8 点

下午6点到8点也是用脑的最佳时刻。不少人利用这段时间来回顾、复习，加深印象，归纳整理，同时也是整理笔记的黄金时间。这个时间段大脑又恢复了活跃，反应较迅速，直到临睡前都是属于一天中的第二最佳记忆时段。复习切忌动眼不动脑，走马观花的浏览只能加深机械的记忆，更重要的是进行思考。复习和建立知识网络可结合起来。

第四个最佳学习时间：入睡前 1 小时

孩子们在洗漱完，准备上床睡觉的时候，不妨拿出半小时左右的时间来阅读，不仅仅是帮助自己积累知识、提升文学素养，更是让自己静下心来准备休息，有一个高质量的睡眠。

如果有的同学不想阅读，那么也可以利用这个时间背诵，来加深印象，特别是对一些难于记忆的内容加以复习，更不容易忘记。想必很多孩子都有这样的经历，睡前背的课文，早上醒来仍然能记得，这时的记忆效率是非常高的。

当然，这是人们的一般性学习时间规律，对于不同的孩子来说，还有自己独特的学习时间规律和习惯。这就需要家长和孩子共同努力，要善于发现并充分利用自己独特的最佳学习时间段。

合理的规矩提高孩子的学习兴趣

家长都想要孩子不输在起跑线上，那么就要趁早激发起孩子的学习兴趣，兴趣是学习的动力。孩子兴趣的产生往往是在小时候。不同的年龄段，由于各自不同的素质，孩子的兴趣往往有自己的独特性。孩子兴趣的发展和表现，往往是他天赋和素质的反映。家长要经常问一问孩子喜欢什么，了解他的兴趣是什么，要引导孩子不断发展兴趣。孩子一旦有了学习的兴趣，在学习过程中就能自觉地克服困难，集中注意，强化记忆，活跃思维，促进学习活动有效地开展。

利用好奇心培养学习兴趣

孩子最不缺的就是好奇心，面对世间万物，什么都不懂，他们的眼睛里充满了无数个"为什么"，家长应充分利用它来激发孩子的学习兴趣。有的孩子把闹钟拆开，有的孩子不停问"为什么"，家长若不了解孩子的特点，把这看成淘气、捣乱，对孩子采取批评、冷淡、不理睬的态度，就会妨碍孩子智慧幼芽的生长，挫败他们求知的积极性。另外，对孩子的提问要积极回答，如果不会则可告诉他等弄明白后再回答他，但是要说到做到，切不可敷衍了事。如果家长骗了孩子，以后孩子不懂的问题也就不问了，这样就会降低孩子的积极性和好奇心。用好奇心激发出兴趣，让孩子渴望知识，主动地去探索学习，那么学习对于孩子来说就不会是痛苦之源，而是不断激发探索欲望的动力引擎。

培养直接兴趣

学习若能给孩子带来快乐，那么孩子一定会喜欢学习。年龄越小的孩子，学习兴趣越是以直接兴趣为主。例如：有的孩子喜欢画画，可能是他乐意用彩笔在纸上涂抹，看着五彩的线条在纸上延伸、扩展，他的思维、想象也跟着任意遨游、旋转；也可能是老师经常表扬他，虽然他画得并不怎么样。那么，怎样才能使学习变为快乐的事呢？

首先，多表扬，少批评。要善于发现孩子的优点。有些家长开口闭口就是"这么简单都不会，光知道玩"，本是恨铁不成钢，却不知好钢已在批评中钝化了，长此以往孩子总觉得自己很差，总有错，在学习中有压抑感，于是厌恶学习。如果孩子是真的做错了，当然也要给予批评，让孩子明白大人为什么要批评他，让他明白道理。

其次，使孩子一开始就有成功的体验。家长要尽可能使孩子掌握好知识，一开始就让孩子学懂，这样既增强了孩子的自信心，又使他体验到了学习的快乐。

培养间接兴趣

学习目的应该联系孩子的思想和实际，坚持耐心细致的正面教育，通过生动形象、富有感染力的事例，采用多种多样的形式，把学习目的与生活目的联系起来，这样才能收到良好的效果。例如，有的孩子在学跳舞，他不喜欢舞蹈基本功练习，吃不了这个苦，但是他对学习舞蹈可以参加各种演出活动的结果感兴趣，这种兴趣可以促使孩子去做基本功的练习。所以家长既要充分利用孩子的直接兴趣，激发孩子勤奋学习，更要通过学习目的教育来提高孩子的间接兴趣。兴趣在各种活动中的动力作用，已为不少心理学家所证实。瑞士儿童心理学家皮亚杰把兴趣说成是"能量的调节者"；我国著名心理学家潘菽认为"兴趣是学习动机中最现实、最活跃的成分"。孩子对学习有兴趣，就可以激起他对学习的积极性，推动他在学习中取得好成绩。

创造兴趣培养的外部环境

只有肥沃的土壤才能长出好庄稼，只有良好的家庭环境才可能培养出智力优秀、聪明活泼的孩子。首先，家长要以身作则，热爱学习。家长是孩子的第一任老师，身教重于言教。若家长督促孩子要努力学习，而自己却常常通宵达旦地打麻将，那么孩子感兴趣的恐怕不是如何搞好学习，而是如何玩好牌；学习的恐怕不是科学知识，而是玩牌窍门了。若家长饭后捧一本书，伴一杯清茶，端坐书桌前，伏案写作，孩子耳濡目染之下，也会经常看书、学习。

培养孩子阅读的习惯

阅读可以扩大孩子的视野，激发孩子的想象力，让孩子的精神世界更加丰盈，也可以让孩子学会谦卑。阅读是学好语文和其他学科的基础，随着孩子阅读量的增加，他们的理解能力和思考能力都会相应地增强，这两种能力是学好各门功课的基础。爱阅读的孩子，会从所读的书中感受到更多的真善美，并且会受到一些伟人智者关于人生观和世界观的有益启迪。这些对于增强孩子的心理素质都是很有帮助的。

很多家长都会抱怨自己的孩子不愿读书、不喜欢读书，都在有意识地培养孩子的阅读习惯，然而却忽略了阅读这件事应该是从小培养的。从小培养阅读习惯并不难，重点在家长的身体力行，用行动影响孩子。环境对孩子的影响尤为重要，孩子从小耳濡目染，很多兴趣都是在家庭以及他所接触的其他环境中建立起来的。家长为了培养孩子的阅读习惯，可以说用了很多方法，各种兴趣班一大堆，各种监督催促，然而孩子还是不爱看书，爱玩手机；或是读书很多，作文和语文成绩却提不上去；或是只喜欢看漫画，却从来不愿意读书。家长往往忍不住感叹：为什么让孩子读书那么难？

其实，家长只要肯花心思正确引导孩子，让孩子掌握阅读技巧，教孩子选择该读什么样的书，孩子就会爱上阅读，形成良好的阅读习惯。

家长的榜样作用

有的家长想让孩子爱上阅读，可是自己家里都找不到一支笔一张纸，还说什么现在手机多方便，想要看的手机上都有。的确，很多家长自己在家就是看电视，有空就玩手机、刷微信，却着急地吼孩子快去看书，孩子心不甘情不愿去了，也没看书，而是玩别的——他也想看电视，他也想玩手机。家长是孩子最好的老师，孩子的模仿能力是惊人的，要想让孩子喜欢读书，家长首先要以身作则，为孩子做好榜样，在家中多看书，哪怕是做个样子也是应该的。

结合孩子的兴趣点选书

比如说2岁前的孩子对动物、食物都感兴趣，如果选择这方面的绘本，孩子阅读的兴趣会大大增加。2岁以后的孩子慢慢地接触到了动画片，就可以选择他喜欢的动画片的相关图书，孩子也会十分爱看。

营造读书氛围

很多时候，孩子不是不爱读书，而是缺乏阅读氛围。家里是孩子待的时间最长的地方，所以家里有没有阅读氛围是很重要的。前期让孩子拥有专属于自己的书桌和椅了，可以选择他喜欢的颜色或款式，这样更能勾起他的阅读兴趣。其实用不了多久，孩子自己也会发现阅读是一件随时随地可以做的事情，只要想阅读，椅子、沙发、地上、床上都可以成为阅读的地方，只要打开一本书，就会不由自主地读起来，不会在意身在何处。桌子上放一些书，让孩子触手可及，随时都可以拿起书来看。

家长还可以把去图书馆阅读作为平时的休闲活动之一。选择周末，带孩子去图书馆安安静静地阅读。图书馆的阅读氛围是最好的，看着那么多如饥似渴阅读的人们，你自然也会忍不住拿起一本书，期望在书中与作者找到共鸣。孩子也是一样的，看到那么多小朋友热爱阅读，他也会渐渐地对书产生喜爱之情，他会发现，书给他带来的是无穷的乐趣。

安排固定的时间陪伴孩子阅读

家长的陪伴对孩子来说是一件非常快乐的事情。如果家长比较忙，只需将时间控制在半小时内即可，甚至十几分钟就够了。但是在这段陪伴时间内，家长必须放下手机及其他电子产品，全身心与孩子互动。做家长的千万别说自己挤不出来这十几分钟，如果错过了孩子的成长，你付出更多的时间精力都无法弥补。

不强迫，遵从孩子的意愿

很多家长一听别人说某书好，就马上买回来让孩子看，孩子一翻根本没兴趣，就扔那里了，家长很着急，觉得自家孩子不爱看书。其实不是孩子不爱看书，而是家长的方法不对！家长可以在周末或假期多带孩子去书店或其他有阅读氛围的地方看看书，观察孩子对哪类书感兴趣，也可以把自己觉得好的书籍推荐给孩子看，孩子看了感兴趣就买，没兴趣就不买。开始时不要觉得他想买的书不好，先培养起孩子的阅读兴趣，读多了他自己就有鉴别能力了。当他真正读过一本好书时，就会越发喜欢好书、喜欢阅读。

有时候孩子比较闹，如果家长想让孩子去学习或者去看书，可以引导孩子："我们去看××书吧"，经过提醒孩子有时候是十分同意的。但是如果孩子不想读，也不要强迫，家长可以在一边看书，以此来影响孩子，孩子一会儿就会被吸引过来。

及时给予鼓励和赞赏

赞赏的目光和话语都会让孩子产生自豪感，加强自信，自然而然就更愿意读书。在孩子会背一首诗或者会讲一个故事的时候，一定不要吝啬惊喜的表情、赞赏的语言，这些会让他自豪、自信，有动力和兴趣继续看书。

不要急功近利，让孩子享受阅读

阅读本身就像一项隐性技能，没办法在短时间内看到效果，就像我们呼吸的空气、吃的盐，慢慢融进我们的身体。事实上，阅读量大的孩子的阅读效果在初高中才会明显体现出来。阅读量大的孩子知识面广，逻辑思维能力强，容易建立自己的知识体系，当日积月累的阅读达到一定量的时候，会在某个时候、某个点上，突然像花儿一样绽放！阅读是每个人一辈子的修行，家长现在要做的就是让孩子享受阅读，慢养孩子，静等花开。

让孩子学会自主学习

"授人以鱼，不如授人以渔。"家长与其不停地督促孩子学习，看着孩子学习，不如教会他自学，往往能事半功倍。自学能力是所有能力中最重要的一种，包括自觉的学习愿望和求知欲，有一定的学习方法，初步形成习惯，使自学成为一种能力，能找到相关的工具书和资料。自学能力是孩子通过自己的独立思考，主动地掌握知识的一种能力，通过养成良好的自学能力，学习才可以由被动变为主动，才可以深入地掌握知识，对今后的学习和工作都大有裨益。那么，家长要如何培养孩子的自学能力呢？

培养孩子的专注力

专注力是人的"十二情商"之一，也是所有学习的第一步。

进入学龄后，孩子无论在心理上还是身体上都需求更多的"私密空间"，轻易不要打扰孩子正在做的事情，不要侵入他的"私人领地"，无论是行动上还是"噪音"上。比如除非孩子要求，否则尽量不要在孩子学习时送水果，也要避免客厅的电视声、聊天声分贝过大。

培养孩子的生活规律性和时间观念，用仪式感帮助他进入状态。一些家长抱怨孩子磨蹭，总要爸妈催促，写作业不专心，能拖则拖，很大程度上也是因为孩子还没有时间观念。比较有效的方法就是家长教孩子学会做时间规划，让孩子将每天需要做的事情（包括学习、玩耍等）进行罗列，设计出自己的"时间清单"，估计一下自己做每一件事大概需要的时间，做完一项删除一项，这样孩子既能很明显地看到自己的做事效率，也能感受到时间的流逝。如果孩子能按照约定好的时间做自己的事情，就给予适当的奖励。

培养孩子独立思考能力

在家庭教育中，家长可以和孩子一起阅读，鼓励孩子站在不同角度看问题，往往能得出不同的结论。身处一个信息大爆炸的时代，想要不随波逐流、丧失自我，就要从更多维度思考问题，让自己更靠近本质的核心。

孩子一般都喜欢听故事，也很爱玩游戏，家长可以通过讲故事却留下结局悬念的形式引导孩子去展开想象与思考，让孩子在听故事的玩乐中学会动脑。带孩子走进生活学会观察，鼓励孩子自己动手去做力所能及的事情。培养孩子的好奇心，引导他自己去探索脑海中的"十万个为什么"。要锻炼孩子思考的能力，凡事就要让孩子亲历亲为，多从启发的角度教育孩子，如多问他"你觉得应该怎样""如果这样，会怎样"等。

别给孩子制定过高的要求

有时候，家长会给孩子制定过高的要求，远远超出孩子的能力范围。孩子有了一点进步，不去鼓励、夸奖孩子，反而直接抛出一个更高的要求。这样孩子就无法体会到进步的喜悦，只会觉得怎么努力也达不到目标，久而久之就心灰意冷，学习能力退化。

提升孩子的应用能力

鼓励孩子表达自己的想法，将生活的真实场景写进日记和作文里、将自己看的书和观察到的东西用自己的语言表达出来。比如家里来客人或者大人之间谈话时，鼓励孩子参与进来，很多老一辈的人总说"大人说话小孩不要插嘴"，其实这是不对的。孩子把学到、观察到的东西拿出来交流，其实是一个整合和应用的过程。

让孩子做符合年龄的决定，例如今天穿什么衣服、去哪里玩、和谁做朋友，鼓励孩子说出理由。家长出于爱和保护，有时会忽视孩子的想法，过多地替孩子做决定、处理事情。长此以往，孩子缺乏独立意识，过度依赖大人的意见。家长们不如试试这样做：凡与孩子有关的事情，都征求孩子的意见，在多次练习后，孩子就会养成遇到问题多思考的好习惯，成为有主见、有鉴别力、有自信的孩子。

帮助孩子改掉健忘的毛病

我经常听到很多家长说孩子平时很容易忘事，比如要期末考试了，但是课本没带回来。每次忘记，都要和孩子一起回顾原因。

孩子学习最容易犯的毛病就是健忘，上课的时候仿佛一切都听懂了，但下了课一写作业，刚才讲的知识点就忘得差不多了，尤其是在默写和背诵的学习任务上。没有掌握记忆技巧的孩子，总是需要付出比别人多很多倍的努力才能够顺利完成学习。

记忆力差、缺乏记忆技巧是令很多学生困扰的问题，也是家长想要极力帮助孩子克服的问题。有的家长往往把孩子记忆力差的问题归咎于注意力不集中、学习习惯不好等，忽视了对他们记忆技巧的培养。结果孩子不仅记忆力没提升，还严重影响了自信心，学习越发吃力，进而对学习产生了反感的情绪。

其实这样为难孩子大可不必，家长要做的是教会孩子掌握记忆的诀窍，而不是死记硬背，既可以减少重复性劳动，又可以让孩子在有限的时间内合理安排学习内容；不仅能够让孩子在学习上得心应手，省去家长不少麻烦和担心，还能够消除孩子的厌学情绪。

记忆力不好不是天生的，而是后天没有养成良好的学习习惯导致的，没有掌握正确的学习规律、正确的学习方法，就会出现记忆力差的问题。如果家长能够帮助孩子掌握一些记忆的小窍门，孩子的记忆力是可以显著提高的。遗忘是有规律的，所以记忆需要窍门，艾宾浩斯记忆曲线就是最典型的记忆窍门。记忆有许多学问，其中有很多方法，比如联想记忆法、数字记忆法、串联记忆法等。

提升记忆力与学习兴趣也息息相关，如果孩子对知识感兴趣，自然记忆力就会比厌学的时候要提升很多，因此家长在学习这件事情上还是要以鼓励为主，尽可能少地批评或者指责，因为打击不仅不会让孩子更进步，反而会让孩子讨厌学习，从而影响记忆能力。

人的一切活动，从简单的认识活动到复杂的学习劳动，都离不开记忆，记忆是知识的宝库，有了记忆，学习才能不断发展，知识才能不断扩充。记忆方法因人而异，有的人擅长看，有的人擅长听，有的人擅长手脑并用，家长有责任帮助孩子寻找正确有效的记忆方法。

主动向孩子介绍新的记忆方法

家长可以有意地查找各种记忆方法，经过自己的实践检验之后，把自己认为有效的方法向孩子推荐，这样孩子会充满好奇地去尝试，即使遇到问题，家长也可以帮忙。

手脑并用记忆好

常言道"眼过千遍不如手抄一遍"，在背诵的过程中可以采取边背边抄、定期默写的方法，加深印象，增强记忆，抄写默写的训练能够提升孩子背诵的质量和效果。

多角度重复记忆

记忆不仅要高频率，还要多角度，一个单词在同一个地方看三次，不如在不同地方看两次来得印象深刻。而且同一个单词在不同地方，意义也会有所不同。反复在一个句子中背单词，有可能会固化思维，对单词理解较片面；而在不同材料、不同地方看到的同一个单词，其实也是另一个角度的重复记忆。使用这种记忆方法能够记得更牢固。

分析各种记忆方法的适用情况

每个孩子都要根据自己的特性来分析各种记忆方法适用的情况，适合别人的不一定适合自己，家长也要鼓励孩子找到让他们自己感到最舒服的记忆方式。

多表扬"记住"，少批评"忘记"

动机可以增加记忆的表现，而表扬可以增加动机。所以，如果你不想让孩子一直忘记，就不要批评他一直"忘记"，而要表扬他"记得"。这也可以帮助你的孩子注意"这次怎么记，下次记得也这样"。当家长们更加关注孩子的记忆时，你会发现孩子的记忆会越来越好。

很多家长都发现孩子在考试中做错的题其实是会做的，只是因为粗心而得出了错误的答案，这令孩子和家长都懊恼不已。其实所谓"粗心"，看上去是表面的不经意、不小心，带有偶然性，可背后很可能有着一定的"必然性"。如果不采取应对措施，很可能在之后的考试中孩子依然会在同样的问题上不断出错。那么，这种"粗心"的表象背后的深层原因究竟是什么？粗心的背后掩藏着什么问题？有没有相应的解决办法呢？

判断考试中"粗心"的标准

考试中的"粗心"看似多种多样，其实归结起来不外乎以下几种：

1.简单的、不该错的，考试错了——那就问问自己：熟练度够吗？

2.原本会做的，考试做错了——那就问问自己：基本概念真的清楚吗？

3.审题错了，不是不会做——那就问问自己：准确率够吗？平时做题力求一遍做对吗？

其实，粗心是做错题的结果，而不是原因。谁都有粗心的时候，但在粗心的表象下还有更深层次的原因。

造成孩子粗心马虎的原因

生理方面，视知觉能力发展欠佳

粗心在很大程度上和孩子的视知觉能力有关，包括：眼睛能否做定点、动点的跟踪；能否清楚地辨认出两个相似的字；能否迅速记住刚刚所看到的数字；在下笔时手眼是否协调。这就是为什么有的孩子偏偏把69写成96；有的孩子在草纸上计算出正确答案了，抄写到卷面上时却抄错了。

不良习惯导致

没有养成良好的书写习惯，比如做题的时候在草稿纸上做对了，但是因为草稿纸上的数字写得太乱了，导致抄到本子上的时候就抄错了。另外，做作业或考试的时候卷面不整洁，涂涂改改也会造成视觉遗漏。

思维定式

有的孩子容易受到思维定式的影响，比如在计算中，做完 $420 \div 42 = 10$、$630 \div 63 = 10$ 这些口算题后，接着计算 $440 - 44$ 时，由于思维定式，孩子往往会把减法错算成除法。还有的孩子在阅读的时候一扫而过，没有按照题意的要求去做，而是按照自己的习惯理解去做，没有发现题目中的一些细节，结果造成了偏差。

老师、家长某些错误的教育方式

有的老师、家长只注重孩子的学习，而忽略了生活习惯的培养，其实学习上的细心和生活中的习惯是分不开的。那些做事丢三落四、缺乏条理、不能坚持到底的孩子，往往在学习上容易粗心。有的老师家长总是任意地惩罚孩子，比如抄十遍书、每天做50道口算题等，让孩子在心理上产生厌倦，失去学习的兴趣。过度单调的重复会引起孩子的反感，欲速而不达。

以上是造成孩子考试中粗心大意的普遍原因，除了关注这些因素外，还应回归到孩子试卷中的错题上来，直面孩子的"粗心"所在，从而对症下药。

考试中的四大"粗心点"及解决办法

因为孩子对知识掌握的熟练度不够

所谓熟练度，可以想象一下我们成年人做小学一年级的计算题，每一题其实对我们来说都很简单，但是当我们在计时的情况下完成1000道题，并不一定能全对。如果平时经常做计算类的工作，很可能做得又快又准；如果平时疏于做简单计算的人，很可能又慢又错误百出。

解决办法：一道题目要反复接触至少6次，并且每次都要思考，才会熟悉并产生记忆。

因为孩子对知识的基本概念不清楚

还有一些题目，孩子们认为自己是会做的，因为平时做对过，只是考试错了。但很可能是他们只看过一两次，有一个模糊的概念，很多概念的细节并不清楚。在考试有时间限制和压力的情况下，人通常本能地选择自己大脑中最先搜索到的记忆，而这个记忆和认知很可能是错误和疏漏的。

解决办法：让孩子试着去讲解题目，如果能流畅地讲解题目，表示确实理解了。通常他们在讲解过程中也会不断发现自己知识上的漏洞。

因为孩子的习惯有问题

很多孩子写作业不认真、不检查、不喜欢打草稿、不肯写步骤等，这些都是习惯的问题。还有书写习惯等，也会导致一些粗心问题。还有的孩子做题喜欢跳步骤，不但容易错，还会导致按步骤计分时得不到本应获得的那些分。

解决办法：如果是做数学题，可以在草稿纸上先画图，画图常常能使人的思维清晰化。另外，有的孩子享受一题多解的乐趣，这其实也可以帮助检查出一些错误。

因为孩子做题准确率不高

家长可以回想一下自己打字时，每个词是一次输入正确，还是不断删除修改？这个也是准确率的问题。如果平时做事力求"一遍做对""每遍都提升"，关键时刻才有可能一次做对。这需要用心投入，反复多次后才能成为本能。如果做错了觉得"没关系"，常常会造成多次也无法做到比较好的状态。另外，准确率还和做题量以及题目类型有关。

解决办法：每次做题都认真对待，提高准确率，争取会做题，建立错题本。也可以让孩子制订训练计划，每次认真分析错误原因，才能逐步提高成绩。

改掉"粗心"这个坏习惯，不仅要在考试中谨慎、考试后总结，还要在平常的学习生活中处处留心。

帮助孩子戒掉 "粗心"的六个习惯

慢慢读题

拿到试卷后，读题速度要慢，尤其是题目较长时，更要慢读、细细读，一边读一边思考，同时把重要的信息记录下来。切记：题目没有读完，不能妄下结论。这样一遍读下来，基本也就只需要一遍，有用的信息都能准确进入自己的脑海，做题就能正确运用所有的已知条件了，就能有效避免看错题目、漏掉条件这些"事故"。

演算工整

解答数学题时很多计算都会在草稿纸上进行，草稿纸不用给别人看，所以很多同学就乱写一通。相信很多孩子都有这样的经历，如果遇到复杂的题目，需要根据已知条件列出很多算式，然后仔细观察这些算式，找出隐藏的关键信息，才能解出题目。这时如果草稿纸上的计算过程比较整齐、醒目，那么发现已知条件中暗含的关键信息就比较容易，更不会发生写错数字、弄错符号等情况，解题过程自然很顺利。

回头检查

让孩子做完一道题目后，根据自己已有的经验，结合本题的结果，判断一下结果的合理性。如果发现解出来的结果数值，这时候就需要回头仔细检查刚才的计算过程。那么，干净整齐的草稿纸就发挥了它的另一个重要作用——方便检查。

深挖根源

对于有些做错的题目，老师稍稍一点拨，孩子就知道自己错在哪里。这种看似粗心导致的错误，其实是概念不清。这时候不能简单的一改了之，应该抓住小问题不放，深入挖掘根源，运用类比、对比等方法，让孩子把相关的知识过一遍，彻底理清楚。

专心做题

要让孩子重视平时的练习题、作业，要把它们当作考试题来看待。做题时先把电脑、手机关掉，然后集中注意力快速地完成，之后再去娱乐或者休息，从而慢慢养成专心做题、专注做事的习惯，粗心自然就会远离孩子。

信心、决心、耐心

粗心是一种坏习惯，每个孩子经过努力都有机会改掉这个毛病。要让孩子树立信心，下定决心，同时拥有坚持的耐心，慢慢地就能改掉这个坏毛病。细心的习惯一旦养成，粗心将彻底离开孩子。

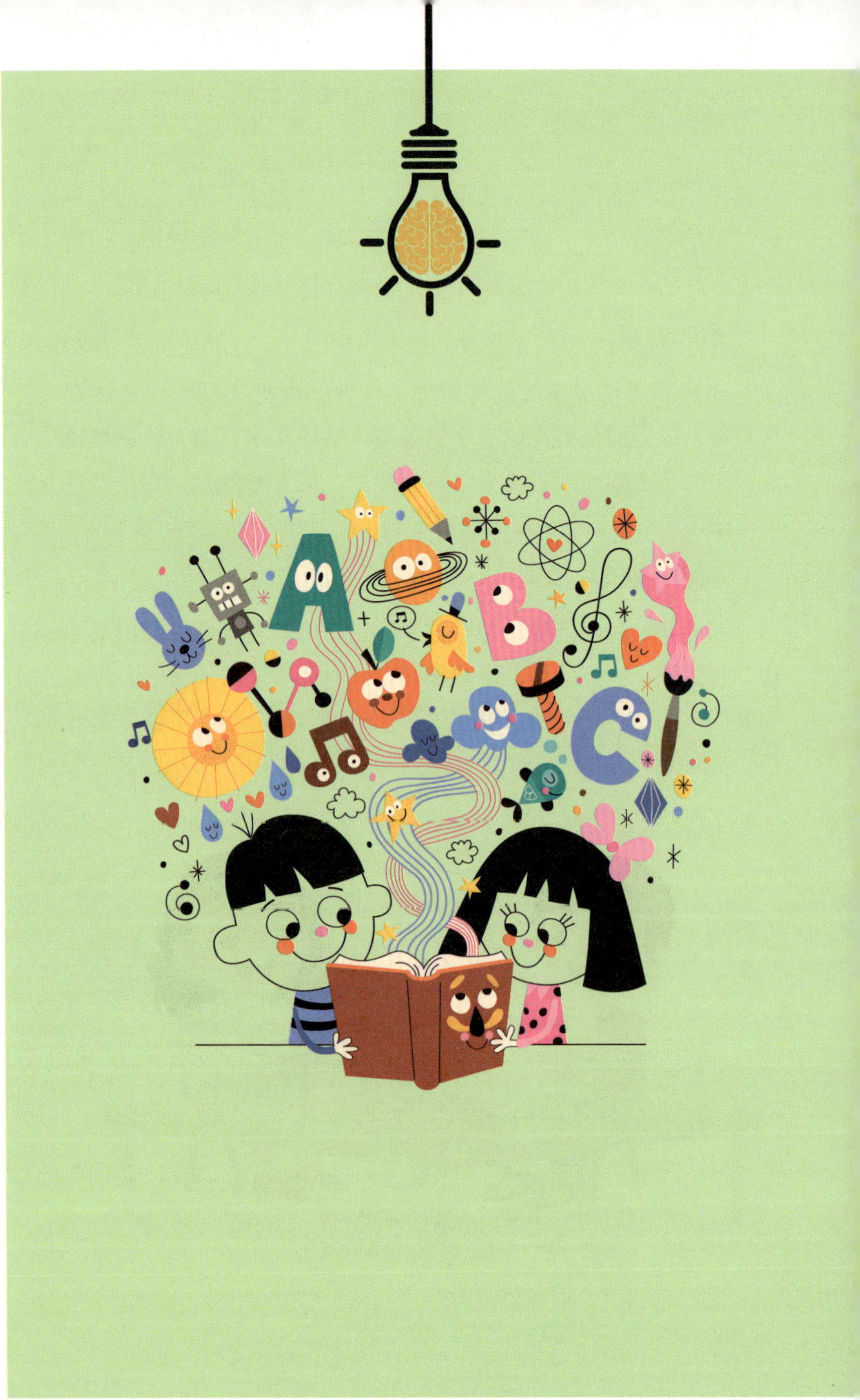
A
B
C

PART 06
立好规矩，
让孩子获得纯真无价的友谊

　　每个孩子来到这个世界后，都无法避免地要投入到人际交往中。学会人际交往的规矩，并且在未来与人交往时运用起来，对孩子绝对是一件终身受益的事情。

交往有度，帮助孩子提高交际能力

在学校里，每当有班级活动时，我经常会看到大家都在抢着玩球，但总会有那么一两个孩子在一边独自待着。他们也很想去玩，却不敢和其他孩子说，也不敢和大家一起抢。就这样，他们总是在等待着球能自动"送"上门来。结果，球总是在其他孩子的脚下跑来跑去，从没跑到他脚下来过。

这个孩子终于等不及了，大哭起来，闹着再也不玩了。整个活动中，他躲在角落里，一步都没移动过，无论老师怎样鼓励或者"威胁"都不管用。孩子之所以有如此表现，就是因为他缺乏交往的能力。孩子如果缺乏交往能力，就显得不合群，喜欢独处，不喜欢与人合作；不喜欢向别人打招呼；胆子特别小，不敢与人争论、抢夺；事事不求人，意图靠自己解决（结果总是解决不了问题）；难以适应群体生活，不喜欢结交新朋友。

孩子如果能积极与他人交往，培养良好的人际关系，对于在激烈的竞争中脱颖而出是十分重要的。而要营造良好的人际关系，首先就要培养和提高自己的交往能力。面对一些孩子交往能力的不足，作为家长的我们需要采取哪些补救措施呢？

加强孩子与人交往的欲望

有些孩子不擅长与人交往，是因为他们不想与人交往，认为没有与人交往的必要。所以，家长要想培养孩子的交往能力，就必须加强孩子与人交往的欲望。比如孩子遇到了难题，做家长的不再像以前那样主动询问他，或直接替他把问题解决了，而要把与人交往当作鼓励、夸奖孩子的一个手段。

一位妈妈为了加强孩子与人交往的欲望，就专门给孩子订了一本小册子。如果孩子积极主动地与别人交往，并且表现良好，就在上面画小红花、小星星等，同时写明原因，比如"因迷路主动向老爷爷问路"。如果发现孩子没有积极主动地与人交往，比如见人不打招呼，就打个大大的"×"，并写上原因。

为了鼓励孩子与人交往，这位妈妈还不时地与孩子一起总结，比如说迷路时主动问路的好处；见人不打招呼，对方会给什么负面评价等。然后在此基础上，鼓励孩子与人交往。当孩子意识到与人交往的好处时，自然会萌发积极与人交往的欲望。因此，要想培养孩子的交往能力，帮助他们建立良好的人际关系，家长和老师就必须加强孩子与人交往的欲望。

人际交往在孩子的成长中是必不可少的，尤其是在孩子的青少年时期最为关键，亲子关系、师生关系、同学关系的紧张与疏远都会直接影响到孩子性格的发展和品质的形成。因此，我们一定要重视培养孩子驾驭生活、完善自我的人际交往能力。

创造平等和谐的交往氛围

家庭是培养孩子交往能力的重要场所之一。平时家长经常会有同事、亲友来做客，孩子的朋友也有可能经常来玩，或者老师来家访。此时，家长不能摆出"长者尊严"的姿态教育孩子，不能说"大人在说正事，你小孩子家家的，一边待着去"或"大人在说话，小孩子少插嘴"之类的话，而是应该有选择地让孩子旁听，或者让他们端茶倒水，让孩子在耳濡目染和实际行动中，学习与人交往的礼仪与技巧。

鼓励孩子走出去

交往技能只有在与人交往的实践中才能学会，所以家长应该尽可能地为孩子开拓生活空间，鼓励孩子走出家门，结识新朋友。心理学家指出，同伴对指导或者训练孩子掌握社会交往技能、帮助孩子走出孤独具有特殊作用。因为这种技能以孩子当时的智商与阅历，是无法在成年人那里学到的。因此，家长应该鼓励孩子结交新同学、新伙伴，比如让孩子去找伙伴玩，带孩子参加一些同龄人的活动。

此外，多让孩子接触陌生人并且学会主动和陌生人打招呼也非常重要。因为有时孩子可以在家人、朋友面前谈笑风生，却在陌生人面前唯唯诺诺。家长可以经常带孩子去人群聚集的地方，指导孩子与陌生人打招呼、交流（可以先从家长熟识、孩子陌生的人练习）。当孩子接触的人多了，自然就能无师自通，培养出优异的交往技能。

教孩子基本的交往技能

孩子的交往技能，如分享、协商、合作等，需要家长在潜移默化中传授给孩子。孩子与人交往时，肯定会出现方方面面的问题，此时家长应该放下架子，主动与孩子沟通，给孩子支招。经过这一事件，孩子以后就会举一反三地解决类似问题。

如果家长只关心孩子的学习，从不过问孩子的人际交往，孩子可能会因此走很多弯路而家长却一无所知。

此外，家长还可以利用各种场合，教给孩子一些交往礼节。比如做客前，告诉孩子拜访对象的一些基本情况，包括他的家庭成员、怎么称呼；提出一些做客应该遵守的基本行为规范，如拜访时主动与客人家里的成员打招呼，未经允许不能拿人家的东西等。

培养孩子良好的性格

性格好的人容易交到朋友，也能与朋友保持良好的关系；相反，如果性格不好，尤其是非常霸道、轻率任性的性格，就很让人厌恶，不愿与其交往。

所以，家长应该有意识地培养孩子热情大方、谦虚有礼、互相帮助、开朗大度的性格，注意纠正孩子自私、蛮横、骄傲、自大等不良性格。

家长的身教非常重要

在教育孩子时，家长的身教更有意义。因为语言是空的，语言所表达出来的内容，有时孩子很难感受到。所以在教育孩子时，家长除了要言传，更要注重身教。试想，如果家长本身就很少与朋友来往，孩子怎么可能体会得到朋友的重要？如果家长本身就慷慨大方，孩子自然也会学着与人分享；如果家长经常打架吵闹，孩子可能就容易冲动粗暴。所以家长要注意时刻检查自己的教养方式与态度，避免因自身行为方式的偏差而影响到孩子的性格，从而进一步影响到他们的人际关系，甚至令他们缺乏交往能力。

通常来说，家长只能伴随孩子一时，朋友却能相伴一世。因此，家长和老师极有必要通过各种途径，言传身教地培养孩子的交往能力，帮助孩子积极投身于社会，结识新的朋友。

人际交往能力是现代人才的重要素质，也是衡量一个人社会适应能力的重要标志。现在的孩子要想在未来社会中出类拔萃、有所作为，就必须从眼下开始学习人际交往技能，努力培养和提高自己的交往能力。

鼓励交往，从培养社交品质开始

　　家长要想让孩子与别人建立良好的关系，就需要培养孩子优秀的品质：平等地对待他人是对别人的一种尊重，只有这样，他才能有很多好朋友；宽容是一种体谅，能处处体谅别人、替别人着想的人才能交到真正的朋友；交朋友就要随时准备伸出援手去帮助别人，给别人带来好处；与人交往要讲诚信，这样的品质才会得到大家的认同。

与人相处要真诚

　　真诚是一种对人或对事诚实的态度，是对人真心实意友好的表现。对人真诚首先表现在不撒谎、不骗人、不虚伪，不讽刺他人。俗话说："骗人一次，终身无友。"其次，真诚表现为相信、尊重他人，只有心宽、无私，真诚地为他人奉献，才会有好的收获。与人相处，只有以真诚的态度交往，才能使双方更加愉快。

　　经常听到有些孩子说，某某的成绩很差，上课不遵守纪律，老捣乱，还喜欢打人，我不愿意跟他玩；还有的孩子说，某某特能吃，长得又高又大，像头牛一样，说起话来很大声，我不喜欢他；还有的说，某某成绩一般，个头不高却特爱讲脏话。听这些孩子说的话，我们似乎觉得一切都是别人不对。可是家长有没有想过，自己的孩子在与同伴交往中，他的态度是否有问题？有没有真诚对待他人？

　　苏格拉底曾说过："不要靠馈赠来获得一个朋友，你须贡献你诚挚的爱，学习怎样用正当的方法来赢得一个人的心。"这说明在与人交往时，待人真诚是首要原则。只有真诚待人，才是对他人的尊重，才能友好地与人相处，因此真诚和尊重是互相存在的。

大家都清楚，真诚不是一种智慧，但它却比智慧更有光泽。我们要求孩子真诚待人，并不能是一种有目的行为。如果你在与人交往时的真诚是有目的的，那么真诚本身也就不是真诚的。真诚是一种实事求是、真心实意的表现。我们只有以一颗真诚的心去对待他人，他人才会回报以真诚。

让孩子拥有一颗宽容的心

有的孩子心胸狭窄，很容易发脾气，嫉妒别人，但是这样的性格不是天生的，心胸狭窄的坏习惯在当今的独生子女中相当普遍。家长都希望自己的孩子能有一颗宽容的心，与他人友好相处，但他们不当的教育方式却经常使他们的愿望难以实现。在现代的家庭中，孩子就是一切，爷爷奶奶、爸爸妈妈整天围着一个孩子转，孩子就是"小太阳"，他们的要求从不会被拒绝。长此以往，孩子就形成了一种错误的观念："我"是最好的，谁都不如我。因此当孩子走出家门，面对更广阔的交际空间时，难以接受别人比自己强的现实。另外，有的家长本身就爱斤斤计较、不能吃一点亏，这也会给孩子造成消极影响。

心胸狭窄不但会影响孩子的人际关系，还会损害其身心健康，甚至会阻碍其将来事业的发展。我们必须帮助孩子纠正心胸狭窄的坏习惯，让孩子有一颗宽容的心，使他们快乐地成长。

教孩子慷慨做人

慷慨大方是指愿意与他人一起分享物质上和精神上的快乐或悲伤，对自己拥有的物质上的东西不吝啬，愿意帮助那些需要帮助的人，给别人带去快乐。慷慨大方是心灵美的体现，更是一个人热爱社会、热爱生活、理解他人的一种良好行为。因此，家长从小就要教给孩子一些慷慨做人的道理。

俗话说"滴酒百人尝"，一滴酒都要百人共分享，说明了慷慨大方的重要。在当代社会，每个人都应该珍爱身边的人，同情身边不幸的人，让生活到处都充满温情。

慷慨大方是指为人处事时，对人大方，不吝啬自己的财物、知识、热情。吝啬与慷慨大方的意思正好相反。吝啬的人，自己拥有的东西从不愿意拿出来帮助他人，爱财如命，贪婪、自私自利，人们常说的"吝啬鬼"正是指这样的人。吝啬、贪婪的人都是以自我为中心，心里只有自己，只会不断地从社会中谋取利益装进自己的口袋，从来不舍得把一丝一毫自己的利益奉献给社会。这样的人不仅摧残了自己的精神生活，内心也会慢慢变得麻木，影响到他人和社会的安宁。

为此，我们做家长的要及时预防和纠正孩子出现这种吝啬、贪婪的行为，别让孩子成为一个"吝啬鬼"，要让孩子成为一个慷慨大方、有爱心的人。

要有充分的自信

小艺上小学四年级，学习成绩非常好，但她却在与同学交往时特别没有自信。

有一次，班里要选班干部，同学们都选她当班长，她的票数全班最高，可是她却说什么也不愿意当。在老师和同学的一致鼓励下，她最后只选择当了班里的文艺委员。

"六一"儿童节快到了，老师让她组织同学一起为节日准备一些节目。在组织的过程中，由于有的同学没有积极配合，小艺感觉受到了阻力，于是她便去向老师提出不当文艺委员了。这次，不管老师怎么劝她，她都坚决不再做班干部了，老师无奈，只好同意了她的请求。

一个人有自信心，是一种积极的心理品质，是一种创新、奋进的动力，是一个人想获得成功必须具备的心理素质。帮助孩子从小树立自信心，对孩子的身心发展是十分有利的。一个孩子如果没有自信，在与人交往时，就会表现出胆小、害怕困难、见人畏畏缩缩、想做的事却不敢去尝试，使得孩子的动手能力、社交能力等变得迟缓；反之，一个孩子有很强的自信心，胆大、不怕困难，什么事情都敢于尝试，那么孩子的各方面能力都会得到迅速的发展。在如今这个竞争激烈的社会，孩子在与人交往中有充分的自信显得尤为重要。

教孩子学会诚恳认错

有很多家长在孩子犯错的时候，都认为孩子没有承担责任的能力，作为家长，替孩子承担错误很正常。但这种纵容的教育方式对孩子的健康成长是很不利的。

如果家长在孩子做错事后，不让孩子认识到自己的错，不是要孩子对自己所做的事情负责，而是替他向别人道歉，一味袒护孩子，那就很容易使孩子养成事事靠家长的依赖心理。

当孩子犯错时，让孩子清楚自己做错事自己要负责，才可以增强他的责任意识。长大后，他才敢于承担起家庭的重任和社会责任，成为一个责任感很强的人。

勇敢道歉、诚恳道歉是很重要的，但是在孩子认错之前要让孩子想想为什么要道歉，哪里做错了，下次不能再犯同样的错误。这样做，比毫无诚心地说声"对不起"更重要。

在现实生活里，很多家长只是教孩子学道歉，至于为什么要道歉、在什么情况下要道歉根本不管，像这种教育都只会让孩子误认为犯了错误只要说"对不起"就可以解决。事实上，正确引导孩子，让孩子知道为什么错了、能认真反省、在请求他人原谅时态度诚恳才是关键。

交往需要良好的心理品质和人格素养，例如善良、诚实、守信、真诚、开朗、率直、善解人意等，这就需要在日常生活中有意识地加以培养。

从小树立合作意识，培养团队精神

一般来说，缺乏合作精神的孩子，喜欢独来独往，事事自己做，不求人，以致"钻牛角尖"。为了表现自己，喜欢当"个人英雄"，做事不顾全大局。比如做实验时，不允许其他同学操作；踢球时，不懂得传球而只想着自己踢进去。我们的孩子其实有很大一部分是喜欢集体活动的，他们很快就能和小朋友们一起，玩得不亦乐乎，他们的团队精神比较好培养。但是还有一部分孩子，他们或者性格孤僻，或者怕生，或者孤傲，总之有各种各样的原因，不愿意过集体生活，不愿意上幼儿园，这是比较难解决的。万一家长很忙，没人管，长此以往孩子的性格很可能会扭曲。我先来讲讲怎样让孩子能够快速进入集体。

孩子与集体形成的纽带应该是集体活动，如运动或游戏。孩子在集体活动中体会到快乐，体会到完成整个活动的成就感、满足感，他就会明白，集体有这样的快乐，能在集体里实现这样的价值。如果一个孩子畏惧集体而孤僻，也有很多办法解决。比如他不跟小朋友玩，那总能跟家长玩吧。家长可以和他一起玩互动游戏，比如踢球，至少需要两个人踢，两人传球配合，他踢出感觉，就会明白集体活动的快乐，和独自玩不一样。或许某天，让他试着跟别的孩子一起踢，慢慢地适应和他人的互动交流，慢慢地让他喜欢集体活动，慢慢地把他送到小朋友的活动里。可以一步步地来，循序渐进，慢慢改变他对小朋友的成见，体会集体的快乐，融入集体。

还有些孩子是孤傲的，由于在课外学的东西挺多，觉得老师讲得没意思，不爱去课堂，不爱听课。这种思想苗头对融入团队也比较危险。所以家长必须教孩子学会尊重团队，即便老师讲的东西理解了，也可以听听与自己的理解有什么不同。也许是家长对孩子的宠爱影响了孩子的自我感觉，孩子具有十足的优越感，觉得老师不行，小朋友们不如自己，这样是很危险的，长此以往孩子容易形成好高骛远的坏毛病。所以你必须让他学会尊重团队，不要高估自己、低估老师同学，这样融入团队后才有可能成为出类拔萃的角色。脱离了团队，可能除了会孤芳自赏，将来什么都学不成，因为排斥团队就意味着孩子失去了提高诸多能力的机会。

团队精神的核心并非只是混在小朋友堆里一起玩，混进去只是第一步，最重要的是发挥才能、寻找快乐。你必须让孩子在团队活动里出力，并且去肯定成果，让他明白，自己的出力帮助团队取得了很好的成果。孩子得到了肯定，自己也会感到满足。比如孩子参加了学校的植树活动，对孩子来说，可能只是随大溜走过场，去玩一玩，但是如果回来后你问他今天种了几棵树，你们班种了多少，告诉他你们班种的这些树以后会成为一片树林，对绿化会起到很大的作用，能改变这一地区的风景，他会大吃一惊，没想到自己和自己团队做的事情会有这么大的价值。也许在以后的集体活动中，他会变得非常自觉，变成活动的积极分子，明白自己所做事情的重要性。如果你责怪他，"怎么参加活动把衣服弄这么脏呀，一身汗"，他对集体活动就会困惑，以后参加集体活动就会出人不出力，这种人很难能够运用集体的力量来完成事业。一个人能在集体事业中成为佼佼者，必能实现自己的价值。

在对孩子的教育中，一方面是自我精神、能力的培养，一方面是团队的适应，两者并不矛盾，相辅相成，自我的个性和能力如果能在团队中发展得好，便能如鱼得水、如虎添翼。团队精神的培养是一个长期的过程，不要求一朝一夕，而是形成习惯。这种团结合作的精神，不但能够应用于学校团队中，也可应用于家庭生活和邻里相处。具有团队精神的孩子，有很快融入团队并适应团队的能力，走到五湖四海，到处都是朋友，到处都能有所作为。正所谓"我为人人，人人为我"，这不是一种夸大其词的空谈，而是实实在在的能力。自小有团队精神的孩子，会使家长的教育变得更加简单，因为他在团队中有学习切磋和自我教育的机会。

孩子将来必然要走向社会，成为一个社会人。但是凭借他一个人的力量，可以得心应手地面对发生在他身上的一切事情吗？相信所有家长都会异口同声地说"不能"。那么，孩子怎样才能扭转乾坤呢？那就是——合作，与人合作才是成功的根本。因此，孩子要想成功，就必须从现在开始打基础，培养合作精神。

对于那些缺乏合作精神的孩子，我们应该采取什么补救措施？

让孩子认识合作精神的重要意义

现在的孩子多为独生子女，因此在家里，即便不与人合作，他们也能享受到许多利益。但是走出家门后，情况就大不相同了，不与人合作可能什么都得不到。

所以，要想让孩子认识合作精神的意义与必要，家长可以把孩子带出家门，让他们感受一下不合作的坏处。当孩子知晓与人合作的利与弊时，就会自动萌发合作意识。

帮助孩子形成良好的合作态度

有时在游戏中，孩子们能较好地合作，但是在建构游戏时却往往会出现合作不愉快。原因自然是孩子的过于自我，总是表现出较强的个性。但更多的情况是，如果最初合作不好，就很难有接下去的顺利合作。

因此，家长和老师应该有意识地培养孩子乐于合作的态度。比如及时引导、帮助孩子们寻找共同的兴趣点，引导他们一起游戏，逐步形成良好的合作态度。通过事实教育，让孩子懂得游戏的顺利进行离不开大家的合作。

当孩子明白合作的重要作用时，就会自动形成良好的合作态度，乐于积极与人合作。

合作是孩子未来发展、立足社会的重要素质。尤其是独生子女，因为家里没有兄弟姐妹，合作机会很少，所以家长和老师应该有意识地加强孩子合作的意识与能力的培养。

让孩子感受合作的乐趣

孩子做出合作行为时，往往自己不能明显地感觉到。因此，当孩子和家长一起做完事情后，家长应当真诚地表示感谢，让孩子感受到被需要的快乐；当家长看到孩子能与同伴一起友好配合地玩耍时，要及时地做出肯定与鼓励。

家长赞许的目光、肯定的语言、亲切的点头等，都能使孩子受到极大的鼓励，在情绪上产生快感，从而增强自尊、自信，强化合作的动机，愿意更多地、自觉地与人合作。

此外，家长应注意引导孩子感受合作成果，体验合作乐趣，从而激发孩子进一步合作的内在动机，使合作行为变得更加稳定而自觉。

营造良好的家庭氛围

民主平等的家庭氛围是培养孩子合作精神的首要条件。在这样的家庭氛围中成长起来的孩子往往更愿意、乐于与人合作。

通常，如果家长以民主平等的态度去理解尊重孩子，委婉地与其交谈，就比较容易赢得孩子的合作。比如孩子犯了错，家长暗示他的缺点却不当面指责，这样就给了孩子一个自我反省的机会；而家长有了错，则要向孩子认错道歉，这样不仅让孩子信服，还在无形中为孩子树立了积极的榜样。这样，家长与孩子之间就建立了一个良好的交流合作平台，家长的言传身教则让孩子理解并能自觉运用社交礼仪与人交往、合作。

同时家长要主动积极地倾听孩子的声音，与孩子一起分析产生行为缺陷的原因和后果，共同寻找克服方法。当孩子提出自己的主张时，家长应给予尊重与理解。这样孩子也就会形成为他人着想的意识，懂得对别人合理、正确的要求应该予以合作的道理。

因此，家长应积极创造民主、宽松、平等的家庭氛围，注重与孩子进行积极的情感交流，让他们在与家长的交流沟通中形成与人合作的态度。

要教孩子学会欣赏和接受别人

只有能够真诚地欣赏他人的长处，孩子才能从内心深处真正愿意接受别人。从实质上来讲，合作就是取他人之长来补自己之短，是双方长处的融合，也是双方短处的相互弥补。只有相互认识到对方的长处、欣赏对方的长处，合作才会有真正的动力和基础。因此，要经常给孩子灌输这样一种思想：任何人都有自己的长处，任何人都要学会真诚地欣赏他人。孩子在认识到别人的长处时，也会在和别人的比较中发现自己的缺点。当他认识到每个人都有缺点也都有优点时，他的心态就比较平和，不会刻意地挑别人的毛病，也不会拒不接受别人对自己的批评。

在道德素养中，关心他人是很重要的一种品质。它需要人们在平时的工作、生活与学习中经常考虑别人的利益和需要，理解和体谅别人。关心他人，可以从关心家长开始。中外许多家庭教育专家都认为，从小培养孩子关爱家长的品质，将会对孩子一生产生十分有益的影响。

教孩子乐于跟他人分享

作为家长，千万不要因为担心孩子被欺负而减少孩子与同伴相处的机会，要看到孩子与同伴相处的优势：其一，相近的年龄使得孩子之间的身心发展具有相似性，他们有相近的言语，有相近的思维，也就有了沟通交流的基础；其二，相处是一个不断发展变化的动态过程，可能有摩擦、争斗，也可能喜悦无比，但不论怎样都会有心灵的碰撞与启发，他们可以在喜怒哀乐中学会分辨、学会争取、学会妥协、学会分享。如果没有任何问题与矛盾，孩子将失去适应力的锻炼机会，也就没有了运用自己的感官与头脑的必要与可能。

因此，作为家长，首先要学会忍心让孩子"吃点亏"，不要小看了你的孩子，孩子在成长的过程中，模仿学习只是其中的一个方法，更多的仍然要身体力行去获得直接经验才行，即使是间接经验，也要通过孩子的实践，用最终的效果来决定取舍。如果这样做了是好的结果，得到了好的激励，孩子就会选择这样的行为，否则你怎么教都教不会。

在孩子与同伴交往的时候，家长一定不要自以为是地先去干涉，即使孩子向你求援，你也要告诉他：别怕，动动脑筋。这不但给了孩子尊重，也会使其他的孩子"佩服"你的孩子，认为他不是个只会找大人帮忙的人，而是个有头脑的人。你不能代替孩子与同伴交往，所以最好让他有机会"吃一堑，长一智"。

家长该如何引导孩子学会与人分享呢？

家长是孩子最好的榜样

在日常生活中，家长关心别人、帮助别人，自然会给孩子留下记忆。比如做了好吃的点心分给邻居尝尝，毫不吝惜地借给别人需用的物品，家长要为培养孩子分享意识起到表率作用。家长要做与人分享的模范，经常主动地关心和帮助别人，如关心帮助贫病和孤寡老人等。这些行为都在无声地告诉孩子应该分享。

分享是孩子应该具备的好品质，但是不要急于求成。因为分享对孩子来说还是一个很难理解的概念，分享会给他带来不舍、犹豫、酸楚、挣扎、忍耐、克制和坚持等复杂情绪，而分享给自己带来的快乐与满足却姗姗来迟，当看到别人分享他的东西所产生的愉悦时，他会担心自己不再是物品的主人。所以在孩子学会分享之前，先要保护好他的物权意识，即"这东西是我的"。两岁多的孩子表现得十分自私，看到的东西都要据为己有，不要怪孩子，那是他们到了"物权意识期"。只有物权意识被充分尊重，他们对自己的物品才有安全感，才会从心底里明白"这东西是我的，即使我给别人玩一会儿，他还是要还给我"，这样他们才乐意分享。

让孩子感受到分享的快乐

家长在跟孩子说分享时，往往不会跟孩子解释分享的意思。一味告诉孩子要分享，却不说分享是什么意思，孩子根本不懂，他们会把分享理解成"送""给"，要把自己的玩具或喜欢的东西"给"别人了，换了成人也未必乐意，更何况是孩子。或许对他们不喜欢的东西会分享得很痛快，一旦遇到他喜欢的，就怎么都不愿分享。这就是因为他们没搞懂"分享"的意思。家长应该耐心跟孩子解释，"分享"只是一块玩，并不是要把他的玩具给别人，他的东西还是他的。当然如果孩子不愿意，也可以不分享。这样孩子就明白了，让他分享就会变得简单。

很多孩子愿意在别人家玩人家的玩具，但是让他拿出自己的玩具就不乐意了。如果是这种情况，你可以在客人到来之前，让孩子挑选几样他愿意让别人玩的玩具，告诉他不要担心玩具被弄坏。这样当他无条件地与别人分享东西时，他能感到自己对这些东西仍有控制力，它们还是属于他的。当许多孩子在一起玩时，可以让大家把自己心爱的玩具都拿出来共同分享，让孩子体验玩别人玩具的快乐，使孩子明白分享并不等于失掉自己拥有的东西。

给孩子创造与人分享的机会

家长要经常给孩子创造与人分享的实践机会。要从小训练，从婴儿期就开始，孩子手中拿个布娃娃，成人手里拿辆小汽车，然后递给孩子小汽车，拿过孩子手中的布娃娃，这样反复训练，体会互惠信任。年龄大一点的孩子，当与小伙伴一起玩玩具获得乐趣时，就能体会到分享的快乐。如果此时再给孩子一点鼓励，孩子会感到这是一种新的玩具享受方法。比如让孩子与其他小朋友共同分享活动的快乐；当家里买了水果、糕点时，要让孩子进行分配，如果分配得合理，就要及时表扬孩子。

不给孩子"吃独食"的特权

有些家长过分溺爱孩子，把所有好吃好玩的都让给孩子一人享用。这样时间一长，就强化了孩子的独享意识，把好吃、好玩的东西都据为己有。正确的方法应该是，从孩子小的时候起就注意把好吃、好玩的东西让大家分享。不要给孩子搞特殊化，要形成一定的"公平"。家长要经常教育孩子，既看到自己，也要想到别人，好东西应该大家分享，不能只顾自己不顾他人。

给孩子"变换角色"的练习

让他懂得交往的基本规则。如果你的孩子很霸道，那只是一时的痛快，当所有的孩子因害怕他、不喜欢他而都不和他玩时，他就是最不幸的了。所以，做家长的必须预防孩子遭遇这样的境况，否则你就失职了！

家长要让孩子明白，分享不是失去而是互利。分享体现了自己对别人的关心和帮助，同样，别人也会关心和帮助自己。大家相互关心、爱护、体贴，就会感觉到温暖和快乐。

纠正孩子的嫉妒心

嫉妒是人类正常情感中的一种，不仅大人有，小孩子也会有。不过他们的嫉妒和成年人又不一样，需要家长正确看待和引导，帮助他们消除这种心理。

小孩子的思想是很单纯的，有的孩子之所以看到妈妈抱了一下别的孩子就哭闹，是因为他以为妈妈不要自己了。类似这样的嫉妒所反映出来的不是道德败坏、品行低下，而是孩子对妈妈的爱，是一种本能。所以家长千万不要大惊小怪，也不要责骂，而是要想办法正确引导。当孩子对于家长关心其他小朋友多一些而表现出愤怒的时候，家长不要大声呵斥他，更不要说"你真是个坏孩子""这么不懂事"这一类会伤害孩子的话，而应该温柔地告诉他："小朋友需要照顾，但是妈妈更爱你，只是现在要暂时请你当个小大人，等一会儿妈妈就来陪你玩，好吗？"明确告诉他在大人心中的分量并没有因为其他孩子而有所改变，并且要让他学会爱护、照顾其他的孩子。

尽管孩子的嫉妒并不是道德问题，但家长也不能因此就不重视，甚至不顾及孩子的感受。如果家里来了小客人，家长对他们的态度不要过于热络，不可为了尽地主之谊而有着明显的厚此薄彼。孩子是很敏感的，尤其在对待家长关爱这一方面，有时候或许大人是无心的，但孩子却都放在了心上。在招呼小客人的同时，也要注意把自己的孩子也包括在内。

如果孩子频频有嫉妒情绪流露出来，这就是在提醒家长该思考一下，是不是对孩子的关注和爱护太少了，以至于让孩子时常产生"爸妈是不是不爱我了"这样的错觉。对于小孩子来说，家长的关爱就是安全感和归属感的来源。多花一点时间陪伴孩子，他们的失落感和不安感就会减少许多。

有时候，嫉妒和羡慕仅仅只是一线之隔。当孩子看到别人有漂亮的裙子，想着"真是一条漂亮的裙子啊！如果我也有，那该多好啊"，这就是羡慕；如果想的是"为什么她有这样的裙子，我却没有，我不管，我也要"，这就变成嫉妒了。每个人都有自己的优势，要帮助孩子找到自己的闪光点，比如在剪纸方面有天赋，比如身体的协调性很好等，让孩子知道自己也有能让别的孩子羡慕的地方。

嫉妒其实是一把双刃剑，如果利用得当，完全可以变成激励孩子的动力。因为有嫉妒心的孩子，说明他也有很强的自尊心，如果看到别的孩子比自己好，心里一定会不服气。家长在这个时候千万不要数落他，说"你真没用""你看看谁谁，比你强多了"这一类的话，也许大人的本意是想刺激孩子更加努力，但这种措辞很明显也会伤害孩子的自尊心。家长要做的应该是鼓励孩子积极进取，与小朋友们良性竞争，告诉他只要尽力付出了就已经收获了成功，就是好孩了。要时刻对孩子说"你行的，要相信自己有潜力"，而不是一味地泼冷水。只有这样，孩子的负面情绪才能够转化为积极的动力。

很多孩子在很小的时候都抢过其他孩子的玩具，只是因为自己没有，结果害得别的孩子一直哭。小孩子自制力不强，很容易心里怎么想就怎么做。这个时候家长不能粗暴地打骂孩子，而应该耐心和他讲道理，问他"如果今天是别的小朋友抢你的玩具，你会不会感到很难过"，用换位思考的方式让他明白自己的不对之处。同时要趁机教育孩子要知错能改，勇于承认错误，让他向对方道歉。孩子道歉后，家长也不要忘了表扬孩子，让他知道认错并不丢人，而是很正确的行为。

💡 "有规矩"才能更好地与异性交往

在孩子的社会交往中，对异性产生好奇也是一种正常现象，家长不必大惊小怪。爱情是人类最美好的感情之一，而孩子迟早会长大，会组建自己的家庭，家长为什么不给予孩子正确引导，让他们少走弯路呢？其实，只要给孩子定好规矩，孩子完全可以更好地与异性相处，这对孩子的身心健康都很有益处。

从儿童身心发展的规律来看，一般孩子长到3岁时，就已产生了社会交往的欲望，他们对同龄儿童发生兴趣并且需要找小朋友一起玩耍。在他们的心目中，这时的男女伙伴并无什么差别，他们之间的交往是天真纯洁的，认为只要能在一起学习玩耍就是好朋友。随着孩子年龄的增长，性别意识也开始增强。他们在关注自身的同时，开始关注起异性，希望了解异性，并得到异性的友谊。这是很正常的一种心理现象，也是孩子成长的一种表现。

生活中总有一些家长对于孩子与异性交往的行为十分"过敏"，只要男女同学在一起，家长就怀疑是"早恋"，因而忧心忡忡、疑神疑鬼。更有一些家长不允许孩子与异性同学结伴回家，甚至限制孩子的社交自由。这些做法势必会对孩子的心灵造成伤害。为此，儿童情感教育专家的建议是：家长不要把孩子的正常交往，如相聚聊天、结伴游玩、一块儿看书、一起做作业等误认为是"早恋"，并且加以指责，而应该充分相信自己的孩子。要知道，男女同学的接触是很正常的，不敢接触才是不正常的。当然，让孩子学会相应的规矩，能够让孩子更好地与异性交往。

如果是女孩，家长可以这样给她定规矩：

不用不理不睬

在社会交往中往往是男生比较主动，而女生比较被动。在这样的情形下，如果女孩子一直冷若冰霜，总是对男孩子不理不睬的话，用不了多长时间，就没有男孩子愿意和她做朋友了。

不要过分热情

如果一个女孩子在交往中表现得过分热情，什么都比较主动，那么就会让对方觉得是轻佻之人，这样不仅容易造成孩子间的"误会"，也不利于正常的交往。

要保持警觉

女孩可以和男孩交朋友，但是一定要把握好尺度，并且时刻保持警觉。如果男孩提出一些过分的要求，或者有一些不正常的举动，女孩就应该采取防御行动，可以把男孩的行为告诉家长，也可以告诉老师。

如果是男孩，家长可以这样给他定规矩：

要有绅士风度

一般情况下，女生要比男生更"弱势"一些，因此家长应该让孩子学会谦让、保护女生。比如进出门的时候，男生要给女生开门，并且让女生先行；男女同学走在马路上，男生应该走在靠车行道的一边，等等。家长可以让孩子从"照顾"妈妈开始训练他的绅士风度。

不要过分严肃

如果平时总是板着一张脸，会让人产生一种距离感，甚至望而生畏。因此，在与异性交往的时候，不要过分严肃，而应该不失时机地"幽默一下"，这样的男孩更受女生的欢迎。不过也要记住，不要把幽默变成油腔滑调。

不用过分拘谨

家长可以用很平常的语气告诉孩子，与女生交往时该说就说、该笑就笑、该握手时就握手，这些都是十分正常的。如果一个男子总是扭扭捏捏的话，反而会让人反感。当然，如果男生过于随便的话，肯定会把小女生吓跑的。

PART 07
立好规矩，
严格遵守公共场所的规则

在公共场所应遵守公共秩序，比如电影院是看电影的地方，不应该打扰别的观众看电影；餐厅是吃饭的地方，不宜大声喧哗；医院是病人们静养的地方，应该保持安静。这些规矩需要所有人来共同遵守，包括孩子，应该让孩子从小就有尊重他人的意识，教导他们在公共场合做正确的事情，既然是公共的地方，就应该做到尽量不打扰到别人。

主动排队，不插队

很多孩子不喜欢排队，这实在让家长为难。家长回想一下，孩子小的时候，什么规矩都不懂，总是吃饭的时候到处乱跑，或者直接爬上桌子，也不知道等待家里其他人。后来孩子上了幼儿园，他们渐渐学会了有秩序地排队喝水、有规矩地举手回答问题——当然，也有一些孩子始终不喜欢排队，不喜欢等在别人后面。

如果你的孩子到了三四岁的时候仍然如此，那么就应该尝试着培养孩子的排队意识，并且给不喜欢排队的孩子制定一些规矩。

排队是孩子从小必须学会的一种"能力"，也是孩子日常生活中必不可少的一个环节。无论孩子去搭公交车，还是去游乐场玩，甚至是上厕所，都需要排队。让孩子学会排队，学会等待，也是建立孩子规则意识的重点。一个能够排队等待的孩子，总会给人一种彬彬有礼的感觉；而那些不愿意排队、总是插队的孩子，通常会给人留下一种不文明、没礼貌的印象。

那么，家长应该如何给那些不喜欢排队等待的孩子制定规矩呢?

家长应该以身作则

想让孩子学会排队，家长平时就应该做到耐心地排队等待。平时无论在家里，还是在一些公共场合，家长都不能随意插队。如果孩子表现得十分急躁，家长可以分散孩子的注意力，比如和孩子做一些小游戏，或者和孩子聊聊天，当轮到自己的时候，家长可以微笑着对孩子说:"真快啊! 这么快就轮到我们了。"

让孩子看到不排队的后果

如果孩子对于家长制定的规矩毫不重视，那么就应该让孩子看到不排队、插队的后果，相信这样的例子在生活中十分常见。比如家长可以带孩子到火车站看看那些排队买票的人，由于插队常常会有人争吵，家长可以用这些人作为反面例子，告诉孩子"插队的行为很容易引起矛盾，不但影响了后面排队的人，也耽搁了自己的时间"。

正面强化孩子的排队意识

如果孩子和家长去超市、商场买东西的时候，能够乖乖地站在家长身后排队，而没有表现出不耐烦的情绪，家长就要好好表扬孩子，比如对孩子说:"你今天表现得真不错!"这样在孩子的印象里就会形成一个概念，为了得到爸爸妈妈的夸奖而自觉形成排队的好习惯。好的观念不是靠教就能养成的，关键是家长要善于引导。

使用"模拟游戏"

家长还可以给孩子模拟一个买东西的场景，邀请几个小朋友一起参加，让孩子们在游戏中学会排队和等待买东西的过程。

让孩子跟紧爸爸妈妈，不乱跑

在很多公共场合，比如超市、商场、酒楼，甚至是火车车厢，家长都能看到一些孩子跑来跑去的身影。在强烈好奇心的驱使下，这些小家伙总喜欢这里看看，那里瞧瞧，到处乱跑。

孩子总喜欢在公共场合到处乱跑，周围的人肯定会表现出不满，也许还有一些人会当面数落孩子，或者数落孩子的家长："这是谁家的小孩啊？怎么这么没有规矩？家长也不教一教吗？"当家长遇到这样的情况，往往会感到尴尬、难堪，可是自家的孩子太不听话啦，也不知道如何教育。

孩子喜欢乱跑，还有可能遭遇未知的危险。家长千万不要觉得这是杞人忧天，事实上，在马路或者闹市广场上孩子很容易走丢；另外，孩子离开家长，在没有家长的监护下，很容易受到这样或者那样的伤害。为了保证孩子的人身安全，家长一定要给孩子制定公共场合的规矩，并且无论孩子如何反抗，家长都应该严格执行自己制定的公共场合规矩。在孩子没有自我保护能力之前，家长一定让他养成不在公共场合到处乱跑的习惯。

一位家长就说起，他们每次去超市或者购物中心等公共场所，都不想带上自己6岁的儿子，因为小家伙总是不听爸爸妈妈的话，只要一刻没留意到他，他就会撒腿乱跑，不见踪影。

其实孩子之所以喜欢到处乱跑，是由于孩子的自制力比较差。尽管家长一再强调"不可以到处乱跑"，孩子也满口答应"我知道！我知道"，然而小家伙常常出现"言而无信"的情况。而且孩子每到一个相对陌生的环境里，都会产生一种新鲜感，孩子就难免会控制不住自己的行为，总想东看看，西瞅瞅。

另外，有的孩子乱跑完全是为了吸引家长的注意。当家长没有关注自己的时候，有的孩子会故意走开，甚至悄悄地藏起来，不让家长找到。小家伙的心里可能在想："你们不关心我，那我就走开，看着你们着急的样子，我真高兴！"孩子的这种心理的确存在，而且屡见不鲜。当然，也有一些孩子乱跑是由于缺乏公德意识，他们可能不会想到自己的行为会给家长、给周围的人带来什么样的麻烦，因此才出现了不守规矩的行为。

家长在了解了孩子乱跑的原因之后，就可以着手为孩子制定规矩了。那么具体说来，家长应该怎样做呢？

告诉孩子你制定的规矩

在带孩子去公共场合之前，家长就应该让孩子知道，你们希望孩子在公共场合有怎样的表现。家长可以对孩子说："当我们去广场上玩的时候，你必须时刻跟在我身后，不能走开。"

提前和孩子练习"保持两步的距离"

如果希望孩子更加清楚地明白家长所制定的规矩，那么最好提前和孩子练习一下如何遵守这些规矩。家长可以对孩子说："我们先来练习一下，保证我们的距离保持在两步之内，看看你能坚持多久。"如果孩子做到了，家长可以说："真好，你能一直这样跟着我。"

出现问题及时批评，使用反省时间

如果孩子在公共场合不遵守家长制定的规矩，仍然到处乱跑，家长就应该及时进行批评，让孩子知道违反规矩将有什么样的后果。当家长发现孩子没有跟在身后，或者没有保持"两步的距离"，家长可以对孩子说："你一定要跟紧我，这样才能确保你的安全。"如果孩子仍然不听，家长就可以在附近找一张凳子，"请"孩子坐在凳子上好好反省一下。

当孩子遵守规矩时要好好表扬

当孩子没有在公共场合到处乱跑的时候，家长还要及时地表扬孩子的这种行为，让他知道家长很喜欢他这样做。家长可以微笑着对孩子说："你能够这样紧跟着我，我感到很高兴，希望你以后都能够这样听话、这样乖。"

待在公共场合的时间不能太久

有的孩子能够很好地遵守规矩，做到紧跟家长，并且不在公共场合乱跑，可是并不是所有的孩子都能够做到这一点。因此，家长在带孩子去公共场合之前，就应该了解孩子的情况。如果他的忍耐限度只有一个小时，那么家长最好不要在公共场合待一个小时以上。

严格遵守动物园的规矩

出去玩的时候，家长一定要叮嘱孩子：野生动物园的老虎、狮子、熊等根本不会像动画片里的那样，会跟陌生的你友好相处。现实生活中的它们野性难驯，为此野生动物园的工作人员除了在各处挂警醒标识牌外，还会通过广播再三警告各位游客，在参观野生动物区的时候一定要遵守园区的规定。尤其是平时比较任性的孩子，进了野生动物园，家长一定要看管好他们，千万不能让他们由着自己的性子来，否则很容易引发难以想象的后果。

2016年7月23日，一则猛虎伤人事件引发了众多人的关注。当天下午，几名游客自驾进入北京八达岭野生动物园，一名女性中途下车，被身后一只老虎拖走。随后同车的追上去，也被老虎攻击，最终造成一死一伤。据了解，当事游客签订过相关责任书，其中一条明确规定：自驾入园要锁好车的门窗，严禁下车。

野生动物园顾名思义，不同于普通的动物园，它更强调了饲养的动物的散养性和野性。因此在进入野生动物园区的时候，如果不严格遵守园区的规定，私自跟动物接触，最终只会成为老虎、狮子、豹等动物眼中的美味。

由此也说明，规则意识是一种界限意识，体现出来的就是公共秩序的权威和价值。简单地说，就是每个人关于自身"可以做什么"和"不能做什么"的区分和觉醒。

如果孩子想在动物园看自己感兴趣的动物，家长一定要叮嘱他们：不让动的，千万别动；不让跨越的，千万别跨越。

提高警惕，不主动招惹小动物

有时候，为了让孩子亲近自然、认识更多的动物，家长会带孩子去公园、动物园等地方，甚至将自己带的零食给孩子，让他们喂一些小动物。但是有一些被圈养的凶猛动物，一旦惹恼了它们，它们就会发动攻击。所以为了确保安全，游园过程中家长一定要全程陪同，不要靠近类似狮虎山这样的危险园区，更不能随意投食、挑逗小动物。

即使是人工圈养的动物，野性依然存在，并没有完全被驯服，所以当它们看到一只鲜嫩的小手伸向它们的嘴边，怎么能禁得住诱惑呢？在此也敬告各位家长，千万不要心存侥幸，毕竟万一当中还有个"一"呢，一旦这个"一"落到自己身上，真的是后悔都来不及了。

因此，带孩子去动物园的时候，告诫他们：不要招惹动物，想看就保持安全距离，不要靠得太近。

禁止孩子攀爬围栏

为了保证游客的安全，动物园的管理员会在一些相对凶猛的动物园区贴出众多安全警示标语，其中"禁止攀爬"是比较常见的。它就是要提醒游客，无论是大人还是孩子，都不要攀爬围栏，一旦失足跌落到园区里边，后果将不堪设想。

家长既然想让自己和孩子都玩得高兴，就要严格遵守动物园的规矩，不能想干什么就干什么，现在忽视规矩，有可能过一会儿就要为此付出惨重的代价。

公共场所悄声说话，不喧哗

很多孩子习惯了在家里大吼大叫、吵吵闹闹，到了很多公共场所也一样，总觉得还跟自己家里一样可以为所欲为。尤其是这些年，儿童电影特别受欢迎，每当动画电影上映时，电影院简直成了小朋友的专场。在电影院看电影期间，家长要教孩子们遵守看电影的规矩。其中最重要的一条就是：看电影时不能大声喧哗，不要影响别人，如果有事，尽量附耳交谈。

在电影院大声喧哗是让人很反感的行为。大家到电影院看电影本来是为了享受，孩子们一哭闹，反倒影响心情。而且孩子在电影院大声哭闹、喧哗，真有些让人无法忍受。也许你会说"他们只不过还是个孩子，可以理解"，这种观点绑架了不少人的思想，但我们不能将其作为无原则原谅孩子的强劲借口。

当然，我并不是说不能将年龄小一些的孩子带去电影院看电影，可是既然家长选择带孩子来，就要提前跟他们定好规矩，让他们在看电影期间保持安静，如果做不到，就应该及时带他们离开，不能为了自己而不顾别人的感受。

提前跟孩子说好"看电影要保持安静"

带孩子去看电影，一定要让孩子保证：电影播放期间绝对不能乱跑乱跳、大声说话、乱踢前座的椅子等。只要孩子能够做到，就带他去；如果发现孩子没有按照保证的要求做，可以先提出警告，怎么说都不听的情况下，干脆立刻带他离开。

不要在放映厅对孩子发脾气

如果孩子在电影播放期间捣乱，家长不要在放映厅对孩子发脾气，因为你的斥责会引起孩子的抵抗行为，而这可能影响别人。你需要冷静地带着孩子快速离开放映厅；指出孩子的不足，或者自己的过失，跟孩子一块反省，同时要关注并处理好孩子的情绪。孩子考虑事情不周全，看电影的过程中频繁提出一些要求很正常，但是家长如果不分场合、控制不住自己的脾气，不能让自己冷静下来，当着众多人的面训斥、打孩子，也是不对的。

乘火车、汽车要坐好，不能东倒西歪

在乘坐火车、汽车时，要注意下列具体的礼仪规范：

着装文明

在火车上休息时，一般不应宽衣解带。若非在卧铺车上就寝，脱鞋脱袜也绝对不合适。无论天气多么炎热，都不要打赤膊，下装亦不应过于短小，更不要当众换衣服。

尽量端正姿势

在座席车上休息时，不要东倒西歪，卧倒于坐席上、坐席下、茶几上、行李架上或过道上。不要靠在他人身上，或把脚跷到对面的坐席之上。在卧铺车上休息，通常应当头朝通道，脚朝窗户。照看孩子、带孩子的人，一定要管好孩子，不要让其随地大小便、哭闹、到处乱跑，以免影响别人休息。不要让孩子乱动他人物品，或纠缠别人。

用餐

在火车上去餐车用餐，若用餐的人数过多，应耐心排队等候。在用餐时，应节省时间，不要大吃大喝、猜拳行令。用餐完毕即应离开，不要在餐车休息、谈天。

若不去餐车用餐，则可在自己的车厢内享用自己所带的食物，或购买乘务员送来的盒饭。尽量不要在车上吃气味刺鼻的食物。吃剩的东西不要扔到过道上或投出窗外。也不要在茶几上堆放过多自己的食物，别忘记它是大家公用的。

尊重空乘人员，不要对空乘呼来喝去

乘坐飞机出行是一种快捷、高效的交通方式，尤其适合长途旅行。在飞行过程中，空乘人员是需要时刻与旅客沟通和交流的。在称呼空乘人员的时候，我们应该懂得使用得体的称呼，以尊重他们的职业身份和工作内容，为旅行带来更加愉悦和舒适的体验。

空乘人员是航空公司的代表，需要经过专业的培训。他们不仅需要具备一定的专业知识和技能，还需要具备一些安全防范和应对突发事件的能力。在飞行过程中，空乘人员主要负责旅客的安全和服务。

不合适的称呼方式主要包括直接叫空姐、小姐、美女等。这些称呼不仅不礼貌，还会让空乘人员感到尴尬。同时，称呼空乘人员为服务员也是不妥当的，因为这并不符合他们的职业身份和工作内容。

最好的称呼方式就是"乘务员"，这是一个可以专门用于称呼这一类职业的词语，同时也很容易被空乘人员接受。在与空乘人员进行交流和沟通的时候，我们应该用这个词来称呼他们，以显示我们的尊重和关注。

PART 08
规矩要制定，更要执行

　　由于孩子的理解能力相对比较差，所以家长在做立规矩这件事情的时候一定要明确自己的要求，让孩子真正明白自己到底应该怎样做。在立了规矩之后一定不能变来变去，不然会让孩子变得非常迷糊，同时还会导致孩子对父母的权威产生质疑。家长在给孩子立规矩的时候，一定要匹配相应的惩罚措施，只有这样，才能够让他们意识到不遵守规矩所带来的后果。

表扬与批评——立规矩必不可少的"双标"

表扬对了，不立规矩也有好习惯

孩子的成长需要家长的鼓励，但在现实生活中，不知从何时起，家长开始对孩子进行模板式赞扬，脱口而出都是这样的万能句："你真棒""你好聪明""加油哦""好好干"……诸如此类，我们轻车熟路。其实，这类表扬语言有时已经成为习惯性反应，为表扬而表扬，仅仅是对孩子空泛的评价和判断，具体哪方面棒、如何去做却只字未提，容易显得不够真诚，所以不能引起孩子的共鸣，根本起不到激励的作用。这样的表扬多了，对孩子的健康成长毫无意义，甚至会适得其反。学会正确地表扬孩子，能让家长在给孩子立规矩的过程中事半功倍。

比如，孩子很兴奋地跟妈妈说："妈妈，我这次考了100分！"妈妈也高兴地回应道："真棒！你真是太聪明了！"其实，妈妈这句话传达出来的潜台词是：你考了100分是因为你聪明，而如果你考不好，则是因为你笨。孩子也会因此给自己打上"我棒""我聪明"的标签，接下来为了继续得到"棒""聪明"的评价，就只会选择做自己有把握的事，上进心也慢慢消失了。

这种情况下，如果妈妈给予如此回应："太棒了！妈妈真为你高兴！你的努力都是值得的，下次也要再接再厉啊！"即让孩子把学习成果与态度和方法联系起来，也就是"夸努力，不夸聪明"，就高明多了。

海姆·吉诺特是一位临床心理学家、儿童治疗专家，他在一本书中记录过这样一个案例：

一个12岁的小女孩儿正在玩游戏，刚玩到第三关，她爸爸对她说："你太聪明了！你配合得真棒！你是个专业级玩家了！"可爸爸刚说完，女孩儿突然就不想玩了。她说："爸爸觉得我是个很棒的玩家，但我能玩到第三关是运气好，如果是靠我的努力，我可能连第二关都到不了。所以我最好还是别玩了。"

"当我们夸孩子聪明时，等于是在告诉他们，为了保持聪明，不要冒可能犯错的险。"斯坦福大学著名发展心理学家卡罗尔·德韦克如是说。所以，这位爸爸言过其实的不当表扬不仅没有鼓励女儿继续挑战更困难的任务，反而促使她选择了放弃，因为在爸爸夸张的赞美下，她失去了抵抗不完美的能力，拒绝挑战，害怕自己不能够表现得像个"专业玩家"，会失去"聪明"的评价。

最近，身边的朋友都在讨论怎么夸孩子最有效，比如：夸具体不夸全部，"谢谢你帮妈妈扫地"比"好孩子，你真棒"强；夸事实不夸人格，"摔倒了都没哭，真棒"比"真是好宝宝"强……

孩子表现好，若家长夸得具体，夸他努力，孩子懂得了，下次还会这样做；若家长夸得笼统，夸他聪明，孩子要么容易以为"天生聪明、不需要再努力"，要么在下次失败后会深深地怀疑自己的能力。所以，夸孩子有讲究，值得为人家长者注意。

当我们在日常生活中遇到孩子表现优异，按捺不住地想脱口而出"你真棒""你好聪明"时，不妨借鉴一下美国小学老师制定的这份关于表扬的"话术清单"，从中挑一句来替换掉吧！

1. 你刚才很努力啊！—— 表扬努力

2. 尽管很难，但你一直没有放弃。——表扬耐心和坚持

3. 你做事情的态度非常不错。—— 表扬态度

4. 你在_____上进步了很多！—— 表扬细节

5. 这个方法真有新意！—— 表扬创意

6. 你和小伙伴们合作得真棒！—— 表扬合作精神

7. 这件事情你负责得很好！—— 表扬领导力

8. 你一点儿都不怕困难，太难得了！—— 表扬勇气

9. 你帮_____完成了她的任务，真不错！——表扬热心

10. 你把自己的房间/书收拾整理得真好。—— 表扬责任心和条理性

11. 我相信你能做到，前几次你说话都算数。——表扬信用

12. 你今天参加活动时表现得很好！—— 表扬参与

13. 你很重视别人的意见，这点做得非常好。——表扬开放虚心的态度

14. 真高兴你做出这样的选择。—— 表扬选择

15. 你记得_____！想得真棒！—— 表扬细心

"高段位"的表扬，才能带来积极的能量。快来发现孩子的闪光点，给出一个诚恳的、具体的、鼓励满满的表扬吧！

孩子和你对着干，可能是在"求表扬"

小七的妈妈最近因为小七的坏毛病头疼得厉害。不知道从什么时候开始，小七经常忘记把牙刷放到杯子里，每次刷完牙，他总是顺手就丢在洗漱池的台面上，既不卫生，也不整洁。

"小七，你怎么又把牙刷扔在外面了？我不是告诉过你，牙刷用过后要放到杯子里吗？"从卫生间传出了妈妈的喊声。

小七正在玩自己的玩具，听见了妈妈的话就随口应付说："知道了。"

小七妈妈见儿子并没有认真听她说话，打算再强调一下，以巩固效果。

"小七，你过来一下。"

"干吗呀？"小七很不情愿地放下玩具走了过去。

"把牙刷放到杯子里去！"

小七很快放好，转身就走了。

"以后记住了！"

"知道了！"

第二天，小七把牙刷放到了杯子里，还特意摆了摆位置，但是妈妈没有注意到这个小细节，她把儿子摆牙刷的事看成了一件很正常的事情。妈妈的表现令小七很没有成就感。

第三天，牙刷又被小七丢到了台面上。

"小七，你的坏习惯怎么老是改不了。看，又没有把牙刷放到杯子里，怎么搞的？"妈妈生气地说道。

"我以为你不记得了。"小七有点儿赌气地说。

"什么叫'我不记得了'？"妈妈不解地问。

"因为昨天我的牙刷是放在杯子里的，你什么也没有说。"

这个例子让我想起了曾在一本书上看到的个事例。一位家长由于孩子吵闹不休而火冒三丈："你们就不能安安静静地玩一会儿吗？"孩子答道："我们当然能。只不过我们安静的时候你根本没注意罢了。"是啊，为什么家长对孩子的缺点、退步如此敏感，立刻做出反应，而对他们的优点、进步却这样麻木，不加注意、不加表扬呢？

只要孩子有进步，哪怕很小，家长也应该及时表扬。当孩子意识到自己存在的问题，下决心改正时，家长一定要细心观察，及时鼓励，给予充分的肯定，绝不能无动于衷，视为理所当然。这样会挫伤孩子的积极性，他们会觉得家长对自己的进步漠不关心，认为自己的努力白费了。久而久之，孩子就会失去成就感。

青少年都有强烈的表现欲望，想让别人了解自己，看到自己具备的能力。当他们表现良好、做出成绩或者取得进步时，是十分希望得到肯定和赞许的。这个时候，他们几乎将所有的精力和期待都放在了这件事情上，所有的兴奋点也全部集中到了这件事情上。如果家长能及时发现，并予以表扬，孩子要求进步的动机就会得到强化，心理就会得到满足。

表扬孩子的正性行为比责备他们的负性行为更有效。当孩子有了改正错误的意愿时，除了赞赏和鼓励外，家长还需要多一些耐心和宽容，不要用怀疑的态度来对待孩子的承诺，更不要讽刺挖苦。

所以，家长要经常注意观察孩子的言行，一旦发现孩子做出良好的行为时，就及时给予表扬，使孩子的良好行为成为"习惯"，尤其是对于那些胆怯、缺乏信心的孩子，更应经常、适时表扬他们的行为。

著名儿童教育家陈鹤琴曾说过："无论什么人，受激励而改过，是很容易的；受责骂而改过，是不大容易的。小孩子尤其喜欢听好话，而不喜欢听恶言。"

此外，家长及时的鼓励也可以培养孩子的自强心。什么是"自强心"？就是在自尊心初步形成后（相对短的时间内），能够在逻辑思维基本结构的创建期和丰富成长的过程中，通过"比较心理"，在信息环境中呈现出更为强烈的"被重视性逻辑思维"外在表现的过程。

其实我们可以感受得到，当孩子在某一方面有积极变化或努力表现的时候，来自外界的及时肯定和赞美会让孩子感觉是真诚的，而且是有力量的。最重要的是，他在积极变化这个方向找到了力量，那么孩子就会越来越好。

每一次进步都值得表扬

每个孩子都像是一块璞玉，都有成为人才的可能。但这块璞玉是大放光彩还是失去光芒，完全取决于家长的教育。

小田今年读小学六年级，可他的字一直写得很潦草，笔画不清。为了帮助小田，妈妈在征询他的意见之后给他报了一个书法班。刚开始的时候，小田很有耐心，刻苦地练习。可过了不久，他的兴趣慢慢减弱，在练习方面也远不如原来专心了。

一天，妈妈见小田正在漫不经心地练习着，问："儿子，最近感觉怎么样，学书法有用吧？"

"有什么用啊！用毛笔写字真累，我是越来越没有耐心了。而且毛笔字写好了未必对钢笔字有用，我不想学了。"小田说。

妈妈听完，拿过小田的练习本一看，说："嗨，还真是不错，字明显比以前进步了！你最近的作业我也看了，字迹清晰，结构合理，比以前好多了，你怎么说没用呢？"

小田听后，虽然有些怀疑，但心里却十分高兴，一下子又找到了学习的热情。

很多家长因为对孩子要求过高而难以看到孩子的细小进步，甚至当孩子没有达到自己理想的标准时就全盘抹杀孩子的进步，这其实是非常错误的做法。事实上，孩子的进步是阶段性的，家长应该充分明白并理解这点，给孩子充足的时间，赏识孩子的每一个进步。只要孩子比原来有进步，就应该及时给予孩子肯定和赞扬，这对孩子来说是一种很大的鼓舞，会让他在进步的道路上不断前行。

家长不妨对孩子说："你每天都在进步。"这句话对于成长中的孩子，尤其那些调皮的孩子来说，是一种积极的鞭策。要知道，孩子受到什么样的对待，就会变成什么样的人。能唤起孩子积极情绪的鞭策鼓励，能让孩子感受到一种宽容和助力，并表现出意想不到的进步。所以，如果家长想改变孩子，就应该不断地往孩子的"大脑数据库"中输入积极的"程序"。

家长学会欣赏自己的孩子，及时赏识孩子的每一个进步是非常必要的，但在这个过程中，如下的一些问题也是家长应该多加注意的：

家长要始终保持一颗宽容的心

在日常生活中发现孩子的优点，包容孩子的缺点，当孩子在学习和生活中取得进步，哪怕是很小的进步时，家长也应该多肯定和表扬。在表扬孩子的进步时，家长也不要盲目而宽泛地赞赏，最好能根据孩子的表现，进行具体的、有针对性的表扬。

家长随时都要看到孩子的进步

在孩子表现不好、遭遇挫折、感到沮丧的情况下，千万不要打击孩子的信心和积极性，而应该理解孩子的不佳表现，安慰孩子的不良情绪，这会帮助孩子重建信心、收获勇气。

家长日复一日地对孩子的细微处进行鼓励，孩子也在不断地提高他们的能力。孩子发现他可以把杂乱的屋子收拾干净，能动手做一个礼物送给别人，能写出感人的词句……所有的这些经历，都会慢慢地积累在他的心中，没有人能夺去，都可以在今后受到挫折和感到困惑时带给他安慰和鼓励。我们相信，没有孩子天生是一块毫无光芒的石头。只要家长留心孩子的每一次细小的进步，并用一种赏识的眼光去看待孩子，及时鼓励孩子，孩子这块璞玉总会有大放光彩的一天。

💡 适当惩罚，树立威信

如何把爱和规矩同时给孩子？爱孩子，他很快没有规矩；管孩子，他很快感觉家长不爱他。怎么办？一爱就乱，一管就恨！用爱的方式去给孩子规则，孩子才能感受到规则是爱的一部分；用惩罚的方式去给孩子规则，孩子感受到的是恨，而不是规则。这就是本章的一个重点——替代惩罚的方法。

生活中，"惩罚"已经成了很多家长最常用、最爱用的杀手锏了，的确很好用，也很省事，似乎身边所有的家长都是这么做的。但是大家都认可的选择就一定是最科学的吗？当然不是，只是因为这是大家最无奈的选择，除了这"招"我们的确想不出什么好"招"了。这里要告诉您一些可以代替惩罚的好方法，供您参考。

对于惩罚的认识

1.惩罚给孩子带来的感受：敌意、仇恨、抗拒、罪恶感、没有价值感、自怜。

2.孩子在惩罚中会把精力分散到如何报复家长上面，错失了对自己不当行为的反悔以及思考修正错误的机会，不利于孩子发自内心地认识错误，改正错误。

3.惩罚作为一种行为是会被孩子效仿的，"以强欺弱"会成为他面对问题的处理方式。

4.孩子受到的惩罚，会减轻他们对错误行为的内疚感，他们认为"惩罚"可以抵消他们的"罪行"，可以心安理得地重复自己的错误。

5专家认为一个孩子应该经历自己不当行为所带来的自然后果，而不是受罚。要让他感到，在一个相互关心的亲子关系中，是没有惩罚的。

代替惩罚的技巧

转移注意力，把孩子对"问题"行为的注意力转移到帮助家长做事或者有趣的事情上

适合：不太严重或者偶然性的问题

案例：孩子在超市里随意拿货架上的商品

正例（家长）："宝贝，你来帮我挑一盒最好的草莓吧！"

反例（家长）："你再乱拿东西，看你妈妈来了，怎么收拾你！"

明确表达强烈不同意的立场（但不攻击孩子的人格），让孩子了解问题本身的影响

适合：行为的后果比较严重，需要及时予以纠正、明确态度的问题

案例：孩子在市场里跑来跑去

正例（家长）："我不喜欢你这样！乱跑会打扰别人购物！"

反例（家长）："你太鲁莽了，晚上不许看电视！"

表明你的期望：对于已经发生的错误不过分追究，并表明对孩子下次行为的期望

适合：问题影响不大，属于主观上非故意的行为

案例：孩子把从家里带出去的铅笔弄丢了

正例（家长）："我希望你能保管好自己的铅笔，下次能让它和你一起回家！"

反例（家长）："你怎么又把铅笔弄丢了？以后不给你买新的了！"

提供选择：提供给孩子合理的且我们能接受的选择，给他被尊重感，而不是被强迫感

适合：行为相对顽固，但有可替代的选择的问题；也可以用于引导孩子开始某种行动的建议

案例：孩子在超市里跑来跑去

正例（家长）："齐齐，别跑！给你个选择，你要么好好走，要么坐在购物车里，你来决定。"

反例（家长）："你再乱跑，我就不带你回家了！"

案例：孩子在看电视，不愿意洗澡

正例（家长）："你是愿意现在洗澡，一会儿讲两个故事听；还是现在看电视，洗澡后没时间讲故事。你来选吧！"

反例（家长）："赶紧洗澡，你再不过来，我就关电视了！"

告诉孩子怎样弥补自己的失误

适合：由于无知而导致的失误，需要给孩子补充相关常识的事件

案例：孩子用水彩笔画画时，把没盖笔帽的笔放在沙发上，染了一大片颜色

正例（家长）："看沙发都花了，以后用完笔就把笔帽盖起来，放在桌上！"

反例（家长）："你看看你干的好事，以后别用水彩笔了！"

采取行动：对于反复建议多次的问题仍然没有改正，可以采取适当的行动

适合：相对严重的原则性问题，特别是"屡教不改"的问题，需表明正确的原则

案例：孩子在吃饭的时候反复玩弄桌上的物品

正例（家长）："宝贝，专心吃饭！"数次劝说未果，可以把桌上附近的东西拿远，说："吃饭的时候应该专心，吃完饭你可以随便玩这些东西。"

反例（家长）："你再不专心吃饭，就干脆别吃饭了！"

让孩子体验错误行为的自然后果

适合：孩子存在一定的主观意识的行为，即"明知

故犯"的行为，需要承担因此引起的后果

案例：孩子在都是油的餐桌上玩小汽车

正例（家长）："桌子上还有很多吃饭洒的汤和油，把小汽车都弄脏了，你要负责把它们洗干净！"

反例（家长）："别在上面玩，都是油！听见没！是不是要我没收才行！"

针对特别顽固且不易改正的习惯，可以采取相对复杂的措施：

结合案例分析理解：孩子晚上总想玩耍、说话，不愿意睡觉

第一步：讨论孩子的感受和需求。

如：坐在一起，问问孩子睡觉前都喜欢做什么。

第二步：说出家长的感受和需求。

如：告诉孩子妈妈每天上班很累，需要早点睡觉、得到休息。

第三步：一起讨论解决问题的方法，把所有的想法都写下来（不带任何评论）。

一边讨论，一边将双方所有的想法逐一记录，让孩子有受尊重感和参与决定感，更利于提高孩子日后行动的主动性。

如：（孩子）听三个故事、看会电视、翻跟头、十点睡觉……

（家长）一个小时的游戏时间、九点上床后可以聊会天、九点半准备睡觉……

第四步：挑出哪些建议你们接受，哪些不接受，哪些需要付诸行动（家长也应给予适当的让步，会带动孩子主动让步）。

如：分别在各自能接受的方法上"打勾"，不能接受或者想去掉的方法上"打叉"，在双方达成共识的方法上画"五角星"。

第五步：找到大家都同意的解决方法，总结达成共识的意见，双方共同努力完成。

如：我们都同意每天八点半到九点自由活动，可以讲两个故事，九点半睡觉。（可以写在纸条上，贴在冰箱上）

当家长和孩子发生冲突时，不要把精力用于彼此的对抗，或者担心谁输谁赢，而是把能量和精力放在如何解决问题上，寻找一种方法，让我们的个人需求都得到尊重。在气头上时，暂时不要开始"解决问题"，当自己足够冷静时再开始。再科学的语言技巧，如果是叉腰瞪眼的状态下说的，都是不会有效果的；挑选建议时，不要评价"主意不好""那不行"，而是记录每个想法，让想法得到尊重；当一个计划执行一段时间后，若贯彻不下去，可以选择回到老路，也可以选择再做计划；如果孩子不愿意坐下来商量解决问题，可以用便条方式表达我们的想法（适合相对较大的孩子）："亲爱的……，我想听一听关于……的问题，你是怎么想的？你是不是觉得……我觉得……请告诉我你有什么解决方法，我们都能接受。爱你的爸爸。"

惩罚原本是以让孩子改正问题为目的，却常常最终成为我们发泄自己情绪的借口，我们痛快了，可是孩子却受伤了。多一些对孩子的尊重，就会多一分孩子对家长的尊敬。

不要在该给孩子立规矩的时候选择放纵

孩子做出各种不当行为，其实也是一种探索。但是作为家长，也有责任引导孩子，帮他们明确规则和边界。在该立规矩的时候不选择放任，未来才不会在束手无策时追悔莫及。说起立规矩，许多家长都头疼不已：不是不想立，而是不管用。所谓的规矩，就像个摆设，根本立不起来。为什么有些孩子不服管呢？或许是家长踩了这两个"雷"。

用大人的权威，强迫孩子服从

很多家长一听到规矩，认为其代表着威严，是一种命令式的管教。然而，如果只告诉孩子遵守，却忽视告诉孩子规则的意义，这样的规则自然无法被孩子认同。比如孩子在餐馆里，拿着勺子敲桌子。妈妈不耐烦地训斥："不许敲，听见没有！"孩子停顿几秒，很快又敲了起来。妈妈怒了，伸手夺下勺子，大吼道："不许敲，再敲我揍你了啊！"妈妈认为自己把规矩讲得很明白，可为什么不能敲桌子，却没有解释清楚。其实，妈妈只要平静地解释："敲桌子会打扰别人，你也不想被吵到对不对？"孩子理解了规则的公平，而非被迫服从，才会愿意试着去遵守规则。

只求快速解决，治标不治本

孩子闹腾、作妖的时候，家长的怒火很容易被点燃。明明规定不许乱涂乱画，可稍不留神，墙上又是各种涂鸦。此时大部分家长可能都会大吼大叫，甚至胖揍一顿了事。吼叫打骂容易，效果也立竿见影，但是如果没有家长监督，这样的"规矩"孩子还会遵守吗？速成式的立规矩，可以短暂地制止不良行为，却很难养成真正的自律。

那家长该如何给孩子立规矩呢？

首先，给孩子立规矩的时候要用明确的语言。比如针对孩子的玩具，就直接告诉孩子，玩完玩具后自己要放在箱子里收好。

其次，规矩要符合孩子年龄特征。孩子10岁了，家长要求每晚必须刷牙，这对10岁孩子来说过于简单了；孩子3岁，却要求他保持干净，这也有点不切实际。

立规矩的关键期是2岁，此时孩子有了自我意识，知道了"我"这个概念，在自我意识的形成中是一大飞跃，再长大一些会逐步出现羞耻心、占有心，要求自主性。2周岁前的幼儿开始从感知自身内在的秩序感，逐渐转向探求外部世界的秩序感。对物品摆设的位置、动作发生的顺序等提出特有的要求，周围人不理眯他，他会感到不安、焦虑。有时也可称之为执拗敏感期。2~3岁是孩子人生的第一个叛逆期。这时孩子语言表达未发展完全，又具备了自我意识，他们想要向家长证明自己是独立的，有自己的想法，但又因为无法表达或得不到重视而产生叛逆的心理。

最后，规矩不能随意改变。如果因为不忍心惩罚孩子，随意改变规矩，时间长了，孩子就不再重视规矩，家长的威信也会大打折扣。

不可为了取悦孩子而牺牲规则

想让孩子高兴是家长的天性，我们会很自然地想要满足孩子的愿望。然而，如果我们通过牺牲规则来换取孩子的高兴，或者出于害怕而对孩子妥协，这时就需要提高警觉了。

"妈妈，给我买个新的恐龙玩具。"小清要求道。"为什么？""我不喜欢现在这个了，你现在就去给我买个新的、更大的！""小清，我太累了，咱们明天再去买。"孩子使劲地踩

脚："现在就去！""小清，我们今天出去很多次了。先去游泳，又去了游乐场，然后又去学街舞。你就不能等到明天再买吗？""我现在就要去！"妈妈继续强调她很累，而小男孩大哭大叫，甚至还踢妈妈。结果，妈妈让步了，带儿子去买了一个新的更大的恐龙玩具。

家长觉得自己有义务让孩子高兴，这是个错误的想法，这样容易造成家长卑微的心态，容易导致孩子以自我为中心。当我们使孩子高兴的时候，通常会给家里带来短暂的和谐，我们容易只注重这个短期效果，而对孩子随心所欲的要求做出让步，结果我们很难看到让步妥协带给孩子的长期影响。因此，当我们取悦孩子时，要非常小心谨慎。孩子需要学会如何面对挫折，因为成人的世界里有很多挫折。"孩子长大了自然就有能力面对挫折了"，这是无稽之谈。这些应该从小培养的技能，长大了怎么可能突然拥有？除非用魔法！取悦孩子和不取悦孩子之间的平衡非常微妙，要小心把握。在上面的案例中，如果家里的规定和惯例是上学的日子晚上不能出门，而且妈妈有勇气说"不"，那么孩子就能学会面对失望，而这正是孩子非常需要的。

很多孩子在要求被拒绝时，会用很强烈的方式来表达自己的怒气，丝毫不顾忌场合。尽管如此，妈妈还是有义务维护规则。被别人注视确实不舒服，但孩子人生技能的发展更重要。我们应该学会关注客观，而不是关注别人怎么想。这个时候，妈妈需要在面子（反正已经受损了）和"妈妈的义务"之间做出正确的选择。

买玩具应该有恰当的用途，或者符合购买、给予的需要，应该是特别的日子或者合乎季节特性，例如春天买跳绳，夏天买戏水玩具，冬天买室内玩具，等等，不应盲目购物。我们带着孩子购物，也是教给孩子金钱和消费的概念的时候。如果我们无限制地满足孩子的要求，会让孩子认为金钱的来源也没有限制，会发展出不健康的物质观。

我们并不是说要随意拒绝孩子的所有要求，而是说当孩子的欲望、要求和规则相抵触，或者不符合情势的时候，我们必须有判断能力，以及有对孩子说"不"的勇气。